绿色公路能耗统计监测平台及应用研究

王　双　李林森　著

中国纺织出版社有限公司

图书在版编目(CIP)数据

绿色公路能耗统计监测平台及应用研究 / 王双, 李林森著. -- 北京 : 中国纺织出版社有限公司, 2023.7
ISBN 978-7-5229-0756-7

Ⅰ. ①绿… Ⅱ. ①王… ②李… Ⅲ. ①道路工程—能耗计算—监测系统—研究 Ⅳ. ①U41

中国国家版本馆 CIP 数据核字（2023）第 129773 号

责任编辑：张 宏　　责任校对：江思飞　　责任印制：储志伟

中国纺织出版社有限公司出版发行
地址：北京市朝阳区百子湾东里 A407 号楼　邮政编码：100124
销售电话：010—67004422　传真：010—87155801
http://www.c-textilep.com
中国纺织出版社天猫旗舰店
官方微博 http://weibo.com/2119887771
三河市宏盛印务有限公司印刷　　各地新华书店经销
2023 年 7 月第 1 版第 1 次印刷
开本：787×1092　1/16　印张：11.5
字数：248 千字　定价：98.00 元

前言

随着经济的快速发展和城市化进程的加速，交通运输业在社会经济发展中的作用越来越重要。但同时，交通运输业的发展也给环境和能源带来了巨大的负担。为了解决这一问题，绿色公路的概念应运而生，旨在通过创新技术和管理手段，实现交通运输业的可持续发展。

绿色公路能耗统计监测平台是绿色公路建设的重要组成部分，其通过对公路能耗监测、分析、评价、管理和优化，为绿色公路的建设和可持续发展提供重要支撑和保障。本研究旨在深入探讨绿色公路能耗统计监测平台的技术、应用和优化，为促进绿色公路建设和交通运输业的可持续发展作出贡献。

在研究过程中，我们对绿色公路的概念和特点进行了深入探讨，分析了绿色公路能耗监测的重要性和必要性，研究了绿色公路能耗统计监测平台的技术、应用和优化，并通过实际案例进行了验证和分析。

通过本研究，我们深入了解了绿色公路能耗统计监测平台的重要作用和价值，以及其在绿色公路建设和可持续发展中的应用和优化。同时，我们也发现绿色公路建设还存在一些挑战和难题，需要进一步加强技术创新和完善管理措施，才能更好地实现绿色公路建设的目标和使命。

在此，我们要对本研究的所有参与者表示感谢并表达我们的敬意，感谢他们的支持和帮助，使本研究得以顺利完成。同时，我们也要向所有关注绿色公路建设和交通运输可持续发展的人士致以诚挚的谢意和祝福，希望绿色公路建设能够在技术创新和管理创新的不断推进下，为人类社会的可持续发展做出更大的贡献。

著者

2023 年 4 月

目录

第一章　导论

第一节　研究背景和意义

近年来，全球气候变暖、环境污染等问题日益严峻，绿色出行、低碳交通成为各国政府和社会各界共同关注的焦点。作为基础设施的重要组成部分，公路在国民经济发展中发挥了重要作用，同时也是能源消耗和排放的主要来源。据统计，全球公路交通消耗的能源约占总能源消耗的 20%，同时也是 CO_2 和其他污染物的主要排放来源之一。因此，如何减少公路交通的能源消耗和污染排放，提高公路交通的绿色性和可持续性，成为当前公路建设和管理面临的重要问题。

我国作为世界上人口众多的国家之一，公路交通在经济发展中起重要作用。根据中国国家发展和改革委员会公布的数据，中国公路总里程已超过 500 万千米，其中高速公路里程占比超过 7%，公路交通量占全国运输量的 70% 以上。随着城市化进程加快，公路交通的能源消耗和污染排放日益突出。据统计，我国道路交通消耗的能源约占全国能源消耗的 15%，同时也是大气污染和碳排放的重要来源之一。

为了应对公路交通带来的环境问题，我国积极推进绿色公路建设和管理。绿色公路是指在公路建设和管理过程中，采用绿色低碳技术、绿色建筑材料和绿色管理方法，以降低公路交通的能源消耗和污染排放，提高公路交通的环保性和可持续性。目前，我国已经在全国范围内建设了一批绿色公路项目，取得了显著的经济和环境效益。然而，绿色公路建设和管理中还存在一些问题和挑战，如缺乏科学的能耗监测和管理手段，难以有效控制和解决能耗和环境污染问题等。

因此，本研究旨在开发一种绿色公路能耗统计监测平台，以解决当前公路能源消耗和污染排放问题，提高公路交通的绿色性和可持续性。本研究将综合运用物联网、大数据、人工智能等技术手段，开发能耗统计监测平台，完成公路能耗数据的采集、传输、存储、管理、分析和优化，以实现公路交通的可持续发展目标。

具体来说，本研究将设计和开发一个基于物联网技术的绿色公路能耗监测系统，通过传感器等设备实时采集公路交通中的能耗数据，如车辆燃油消耗、车速、车辆数量等，同时收集气象数据、路面状态等其他相关数据，建立数据传输和存储系统，将采集到的数据实时传输到云平台，并进行数据预处理、数据清洗和数据存储，以保证数据的准确性和完整性。

在采集数据的基础上，本研究将采用大数据技术，对所得数据进行分析和挖掘，以了解公路交通能耗的实际情况，包括燃油消耗、车速、车辆数量等指标的变化趋势和影响因素。此外，通过人工智能等技术手段，建立能耗预测模型和能耗优化模型，对公路交通能耗进行预测和优化，为公路能源消耗和污染排放的控制提供科学依据。

绿色公路是当前公路交通发展的重要方向，而公路交通能耗和污染排放是当前亟须解决的难题。本研究将利用先进的物联网、大数据和人工智能技术，为公路交通能耗监测和优化提供可行的技术方案，具有重要的理论和实践意义。本研究的意义主要体现在以下几个方面：

一、促进公路交通的可持续发展

当前，公路交通是我国最主要的交通方式之一，但随着社会经济的发展和城市化进程的加快，公路交通的能源消耗和环境污染问题日益凸显。绿色公路能耗统计监测平台的开发和应用，可以实现对公路能源消耗和环境污染情况的准确监测和分析，为公路交通的可持续发展提供重要支撑。

二、提高公路交通的能源利用效率

公路交通的能源利用效率直接影响公路交通的经济效益和环境效益。绿色公路能耗统计监测平台可以对公路交通的能源消耗情况进行实时监测和分析，为公路交通的能源利用提供重要数据支持，促进公路交通能源利用效率的提高。

三、推动智慧交通的发展

随着物联网和大数据技术的不断发展，智慧交通已成为交通领域的发展趋势。绿色公路能耗统计监测平台作为智慧交通的重要组成部分，可以为公路交通的智慧化发展提供技术支持和数据基础。

四、为政府部门决策提供科学依据

政府部门在公路交通规划和管理中发挥了重要作用，绿色公路能耗统计监测平台可以为政府部门提供公路交通能源消耗和环境污染情况的准确数据和分析结果，为政府部门决策提供科学依据。

综上所述，绿色公路能耗统计监测平台的开发和应用，具有重要的理论意义和实践价值。在理论上，研究构建绿色公路能耗统计监测平台的概念、特点和技术，有助于推动公路绿色发展的理论研究，为公路交通绿色化和可持续发展提供新的思路和方法。

在实践上，绿色公路能耗统计监测平台的应用可以有效地解决当前公路能源消耗和污染排放问题，提高公路交通的绿色性和可持续性。该平台可以帮助公路管理部门实现对公路交通运行情况的实时监测和统计分析，为公路交通能源消耗的合理调配提供科学依据，有助于推进公路交通绿色低碳发展，促进生态文明建设，实现可持续发展。

此外，本研究还可以为国家公路管理政策的制定和实施提供参考和依据，为公路交通领域的科学发展做出贡献。同时，绿色公路能耗统计监测平台的开发和应用还可以为其他交通领域的能源消耗和环境保护等问题的解决提供新的思路和方法。

第二节 国内外研究现状分析

一、绿色公路发展研究现状

（一）国外研究现状

20 世纪 30 年代，美国有过一段时间的基建增长期，当时公路建设中已经开始考虑生态平衡的问题。1969 年在《设计结合自然》中，麦克哈格将生态理念与公路设计相融合。

日本高速公路环境保护一直处于世界领先水平。1965 年，日本颁布了《日本干线公路环境保护法规》，要求在路线选择、设计、施工方案等方面充分考虑环境保护问题，集约利用资源。

1976 年，德国立法明确要求公路建设要减小对环境的负面影响。欧美国家从 1980 年开始，实施现代公路建设流程，同步环保与公路设计。21 世纪出台《美国交通运输战略规划（2000—2005）》，美国交通部将此次发展战略定性为环境友善型。

欧美国家的绿色公路发展起步于 20 世纪，在近些年发展较慢。本文分析认为，这是由于美国的基础设施建设主要集中在 20 世纪前半叶，欧洲、日本的基础设施建设主要在“二战”后，当时的科学技术落后，生态环保的需求让步于基础设施的刚性需求，导致公路绿色发展水平较低。

（二）国内研究现状

我国在 1990 年颁布了《交通建设项目环境保护管理办法》，该办法标志着我国公路建设环境保护新的开始。之后陆续颁布了《中华人民共和国环境保护法》等一系列法律，公路建设环境保护逐步法治化。而后发布的《公路建设项目环境影响评价规范》规范了环境评价，《公路环境保护设计规范》为公路建设领域环境保护设计提供了技术支撑，从此我国公路建设环境保护逐步规范化。

二、绿色公路评价研究现状

（一）国外研究现状

国外绿色工程相关评价，最开始起步于绿色建筑的评价。1990 年，英国建筑研究院发布环境评估方法（BREEAM — Building Research Establishment Environmental Assessment Method），这是世界上第一个绿色建筑评估方法。2003 年，美国绿色建筑协会创立的 LEED（Leadership in Energy and Environmental Design）在美国推行，这是一个评价绿色建筑的系统工具，目前已是美国一些地方的强制性标准。2001 年，日本政府创立综合环境性能评价体系（CASBEE），并给予落实该体系的房地产企业奖励。

美国联邦公路管理局在 2010 年提出基础设施的可持续发展体系，从社会、环境和经济等方面定义了高速公路的可持续发展特点。加拿大提出了路面可持续评价系统（Greenpave），这个系统从路面设计等四个方面对项目进行评价。

（二）国内研究现状

国内绿色工程相关评价同样起步于绿色建筑的评价，2003 年出版了第一版绿色奥运建筑评估体系，2010 年住建部颁布了《绿色建筑评价技术指南》，此后住建部和建筑业协会相继颁布了《建筑工程绿色施工评价标准》《建筑能源与可再生能源利用规范》，目前已经形成了国家、省、市三级，绿色施工示范工程与绿色建筑的建设、评价、验收体系。

在绿色公路评价标准的理论研究方面，也有大量学者进行了探索。2007 年，戴娟娟基于可持续发展理论，借用高速公路在环境影响评价、生态影响评价、景观绿化评价等 6 个方面的评价指标体系，分析提炼得出建设、运营期评价指标，而后用频度统计法、专家咨询法将这些指标再次按照压力—状态—响应体系进行分类、筛选，把所有指标分为定量指标和定性指标两种形式进行量化，用主成分分析法确定各指标权重，对沪宁高速改（扩）建工程绿色公路实施情况进行评价。

2011 年，张琴基于可持续发展理论，使用频度统计法从当前文献、论文、报告中分析选出使用频度较高的指标，使用理论分析法选择针对性强的指标，使用专家咨询法对指标进行调整，得到绿色公路评价指标。按照规划设计、施工、运营三个阶段对指标进行分类，按照压力—状态—响应体系建立评价体系。使用绿色度和模糊综合评价法对绵盐路改造工程进行了实证分析，并提出绿色公路建设的对策和建议。

2017 年，余晓琛以京港澳高速岳阳段为研究对象，对路基、桥涵、边坡、隧道等方面所实施的绿色低碳技术进行了效益评价。

2019 年，华树新通过分析绿色公路特征、黑龙江地域特点，使用专家咨询法、文献频度统计等方法选取评价指标，而后将指标分为定性与定量两种类型进行量化。用层次分析法和聚类分析法确定各指标的权重，通过灰色聚类法对黑龙江省三条国道的绿色公路实施情况进行了评价。

2019 年，王虹霁在交通运输部绿色公路评价标准的基础上，通过专家咨询法对相关指标进行微调，形成适合江苏省地方情况的评价标准，并在芙蓉大道改造工程中进行实践；2019 年，余航以美国 Greenroads 指标库、绿色公路评价行业标准的指标作为指标库，使用频度分析法和调研研究法对指标进行初选，而后使用效度比和马田系统对初选指标进行监测和优化，使用两种主观赋权法（模糊层次分析法、序关系分析法）和两种客观赋权法（熵权法和 CRITIC 法）对指标赋权，最后使用最小熵原理进行耦合赋权，得到指标权重，并实证于广吉高速；2019 年，易列斯通过分析期刊中绿色公路评价指标体系，以及已有的行业标准、地方标准中的指标，得到评价指标库，使用频度分析法对指标库中的指标进行初选，再使用专家咨询法得到最终的评价指标。利用 AHP —熵权法确定指标权重，用可拓展云模型对绿色公路实施情况进行评价，并运用到重庆市潼荣高速。

2020 年，乔柳植通过调研部分高速公路建设实施情况，分析行业标准等文件得到评价指标，再使用专家咨询法对指标进行筛选，最终得到评价指标。使用德尔菲法和层次分析法确定指标权重，最后实证于龙怀高速。

2021 年，王金茹通过分析当前关于绿色公路评价的参考文献，使用频度统计和分析得到评价指标，使用组合赋权法确定指标权重，并在呼十高速进行实证。

从全世界范围来看，国外绿色公路评价理论起步早于国内，由于近年来欧美国家基础设施建设进入低谷期，发展较慢。

从全国范围来看，我国绿色公路评价方面已经有行业标准，但目前该标准使用程度较低。一是因为我国发展不均衡，各省经济发展、社会环境各有不同，经济落后、生态环境脆弱地区很难与经济发达、生态环境恢复能力强地区进行直接比较，行业标准为了提高经济落后、生态环境脆弱地区参与绿色公路建设的积极性，在指标选取与量化标准方面更多地考虑了公平性，因此行业标准用来评价单个省份内的多条绿色公路建设情况时，会出现较多的指标不适用情况；二是由于我国幅员辽阔，自然条件迥异，经过几十年的发展，各省结合自身自然条件发布并施行了很多地方标准，用于指导本省公路建设，但这些标准无法在其他省份使用，因此行业标准剔除了对这部分标准实施情况的评价，各省无法通过评价引导标准规范的落实。

第二章　绿色公路的概念和特点

第一节　绿色公路的概念

一、绿色公路的定义

为了深入贯彻党中央和国务院关于生态文明建设和绿色发展的相关部署要求，交通运输部相继开展了绿色公路相关主题性示范工程、典型示范工程，而这些示范工程的名称先后演变为低碳公路、绿色低碳公路、绿色循环低碳公路，最终回归为绿色公路。从绿色公路相关示范工程的名称演变过程可知，绿色公路的概念及内涵在多年的发展过程中不断深化丰富。2016 年 7 月发布的《关于实施绿色公路建设的指导意见》提出了进行绿色公路建设五大主要任务及开展五个专项行动的要求。其中五大主要任务分别是：统筹资源利用，实现集约节约；加强生态保护，注重自然和谐；着眼周期成本，强化建养并重；实施创新驱动，实现科学高效；完善标准规范，推动示范引领。作为我国绿色公路建设的根本指导性文件，该意见提出的绿色公路建设主要任务包含了新时期绿色公路的基本内涵，基于此，许多学者就绿色公路的定义给出了各自不同的总结：

贺宏斌等认为绿色公路是一种新型公路建设理念，也是我国公路建设发展的理想运行状态，它注重生态保护、资源节约、技术创新、便民服务。

欧阳斌等在总结国内外研究学者观点的基础上，认为绿色公路是以节能减排、资源节约与循环利用和生态环境保护为核心理念，强化创新驱动，实现公路全生命周期的能源消耗、环境效益得到改善的一种公路发展模式。

张正一等通过分析我国绿色公路理念发展历程，将绿色公路定义为，在公路全寿命周期内，以创新、协调、绿色、开放、共享为发展理念，最大限度地控制资源占用、降低能源消耗、减少污染排放、保护生态环境，注重建设品质提升与运行效率提高，为人们提供安全、舒适、便捷、美观的行车环境，与自然和谐共生的公路。

结合《关于实施绿色公路建设的指导意见》相关内容、不同学者的研究总结以及党的十九大印发的《交通强国建设纲要》中关于绿色发展具体要求可知，绿色公路就是在公路全寿命周期内，全要素、全方位地贯彻绿色发展理念，通过建造技术与运营管理创新驱动等手段最大限度地降低资源消耗、污染排放，实现对生态环境的保护以及公路运行效率和服务品质提升的一种可持续性公路。

二、绿色公路的内涵

绿色公路是指施工人员在施工设计、施工过程、施工管理中以低碳理念为指导思想降低施工中的碳排放量，处于可持续发展模式中。将绿色公路关键技术应用到公路施工中，可提高公路施工质量与施工效率，从而取得低碳节能效果，促进我国公路事业更好地发展。从绿色公路内涵来分析，是基于功能适应的公路、是基于资源及能源节约型的公路、是低碳环保的公路、是景观优美的公路、是基于生态文明的公路。

（一）绿色公路建设的必要性

绿色公路建设是当前公路建设发展的必然趋势和重要举措，其必要性主要表现在以下几个方面：

1. 保护生态环境

公路建设和运营对生态环境的影响是不可避免的，因此，绿色公路建设将生态保护置于首要位置，通过生态修复、植被恢复等措施，减少公路建设和运营对生态环境的破坏，提高生态系统的稳定性和可持续性。

2. 节约能源资源

公路运营需要大量能源的支持，因此，绿色公路建设将节约能源作为重要目标，通过能源管理、能耗监测等手段，提高能源利用效率，减少能源消耗，降低运营成本，实现节能减排目标，促进可持续发展。

3. 提高运营效率

绿色公路建设通过智能化管理和技术应用，优化运营管理，提高路况监控、道路维护、救援服务等能力，提高公路运营效率，提升服务质量，满足人民群众出行需求。

4. 促进经济发展

绿色公路建设可以有效促进当地经济发展，提高交通运输的便捷性和安全性，促进物流运输、旅游观光、区域协调发展等领域的发展，推动经济社会的可持续发展。同时，绿色公路建设可以带动相关产业的发展，促进就业和创新。

综上所述，绿色公路建设的必要性体现在保护生态环境、节约能源资源、提高运营效率和促进经济发展等多个方面，它不仅是公路建设的必然趋势，也是推动可持续发展的重要举措。

（二）绿色产品的概念

传统的绿色产品被称为环境协调产品，强调的是产品的环境要素。绿色产品是在传统产品概念基础上提出来的，目前还没有统一的定义。绿色产品的范围非常广，包括所有无污染、无危害、可循环使用的产品。绿色产品的概念应当在绿色制造理论体系的总体范围中来把握。绿色制造的理论体系包括一系列相互之间存在一定关系的概念，如绿色设计、绿色工艺、绿色标志、绿色管理等。在这些概念中，不能把绿色产品简单地看作最终结果，而应当将绿色产品作为整个理论体系的目标，即绿色产品的全生命周期。由此可见，绿色产品不仅表示一个有利于环境和健康的产品形象，也不仅是生产过程的一件最终产品。《绿色产品评价通则》指出，绿色产品即在全生命周期过程中，符合环境保护要求，对生态环境和人体健康无害或危害小、资源能源消耗少、品质高的产品。

（三）绿色公路的本质及内涵

关于绿色公路的概念及内涵目前尚没有完全统一的定义。从各种不同的概念中看出，目前有关绿色公路的理解大都限定于环境、生态和能耗的范畴内。比如有的学者将绿色公路定义为“以保证生态系统的良性循环为基本原则，以生态学的规律为指导，在公路设计、建设和运营阶段尽量减少对景观的破坏和对环境的污染，尽量保护自然生态系统，形成人、车、路及景观协调、生态优良的公路交通系统”。绿色公路建设，就是在低碳理念的指导下，以碳平衡为基本原则，综合运用各种绿色技术与环保措施，在公路决策、设计、施工、运营、管理整个生命周期都能达到经济效益和环境效益和谐及可持续发展。绿色公路不仅是对环境舒适度的改善，而且将降低能源成本，实现环境保护最大化和资源配置最优化。“绿色交通”的核心是资源、环境和系统的可扩展性，是从发展战略的高度认识交通系统的发展与资源和环境的关系。因此，绿色交通一方面包括交通系统内部的优化问题，另一方面涵盖交通系统与外部系统的协调、共生问题。

绿色公路的核心体现在绿色的本质上。众所周知，绿色代表希望、安全、平静、舒适、生命、和平、自然、环保和生机，从这一概念理解出发，我们认为，绿色交通（公路）的内涵需要扩充和外延。它不仅包含环境、生态和能耗等属性，而且应体现以人为本的可持续发展的理念，即凡是对人有影响的因素都是绿色内涵的体现。因此，绿色公路作为一个绿色产品，除了满足“产品”的功能外，还应当以人为中心将“产品”对人的影响或者伤害降到最低的程度。这种影响或伤害可能是直接的也可能是间接的因素。

根据公共产品的特性，按照《绿色产品评价通则》中规定的绿色产品的内涵和属性，依据可持续发展理念，对绿色公路的内涵进行扩展和外延。因而绿色公路在规划、设计、建设、运营与维护的全生命周期内，要具备以下属性：第一，资源与能耗属性；第二，环境友好属性；第三，安全与健康属性；第四，应对灾害属性；第五，景观生态属性；第六，公路产品能力和应急管理属性等。

根据绿色公路应具备的属性，绿色公路的内涵可以概括为：在规划、设计、建设和运营维护全生命周期内，最大限度地利用各项资源，减少能耗和污染，与环境友好及协调。将对人体的安全和健康影响降到最低，同时确保运营安全、行车舒适，公路维护成本低，各种灾害的影响低，行车通畅和舒适，对生态无害或危害极小。因此，绿色公路除了满足公路公共产品的基本功能外，还更应当体现“以人为本”的可持续发展理念，充分利用先进技术，体现各种影响因素对公路系统的综合反映。

三、公路建设中绿色公路关键技术的应用

（一）资源节约类

资源节约强调的是对公路建设所需消耗的资源尤其是不可再生资源的节约使用，对废旧资源的重新整合及再次使用。在公路建设中应重点关注土地资源、水资源、材料资源、能源的节约和再利用。

该技术类别主要包括节地与土地资源利用、节水与水资源利用、节材与材料资源利用、节能与清洁能源利用四个方面。

1. 节地与土地资源利用

节地与土地资源利用的技术要点一般包括公路建设所需的永久用地、临时用地、扰动区表土资源的节约与保护。

永久用地的节约集约利用包括合理确定建设标准，灵活运用技术指标；合理选择路线；合理控制路基高度；桥隧代替路基；合理控制路基宽度；充分利用老路资源等。

临时用地的节约集约利用与复垦包括优化施工便道；利用主线路基：租用已有场地；控制取弃土；弃土场复垦与绿化等。

扰动区表土资源的节约与保护包括合理确定清表厚度；表土收集与表土存放等。

2. 节水与水资源利用

对于所在地区降水资源丰富的高速公路，可以设置雨水收集与利用系统，能有效减少雨水的浪费。通过进行“海绵城市”型服务区设计，进行全方位雨洪管理，综合利用水资源低影响开发技术，使服务区范围内 70% 的降雨就地消纳和利用。

建设生态透水型路面，配套优化的雨水收集系统，可解决目前服务区普遍存在的雨水回用处理困难、成本高等问题。

3. 节材与材料利用

节材与材料利用强调材料的减量使用和重新利用，减少原材料的获取和加工对环境的影响。对于废弃物利用采用的是 3R 原则：减量化、再利用、再循环。

可循环材料的利用。结合当地条件，研究建筑垃圾无害化处理与利用，以及废旧沥青路面、钢材、水泥、废旧轮胎等材料的综合利用。延崇高速废旧材料利用全线表面层采用沥青玛蹄脂碎石混合料 SMA 结构，中面层全部采用胶粉 / SBS 复合改性沥青混合料，其间断级配使得该混合料具有长期良好的耐久性。胶粉 / SBS 复合改性沥青采用废旧轮胎胶粉、SBS 双重改性，废胎胶粉掺量约为 20%，并利用化学内掺法进行添加。据测算，1 吨橡胶粉需要消耗废旧轮胎 100 ~ 120 条，全线共消耗废旧轮胎约 40 万条，减少基质沥青用量 2000 多吨。该措施有效提高了废旧轮胎的循环利用，减少废旧轮胎污染，节能环保。

隧道弃渣、弃石方的利用。结合地质情况，对隧道弃渣、弃石方进行集中加工，供应涵台背回填、软基换填等填料，品质好的可作为碎石利用。鹤大高速吉林段利用 284 万立方米隧道弃渣及弃方进行路基填筑，并加工碎石、块片石成生态砌块，用于制作挡墙，防

护边坡等。

4. 节能与清洁能源利用

注重能源的节约与利用。节能措施主要应用在施工阶段。

①设备上，优化施工机械设备，采用节能设备，比如应用具有变频技术的设备。

②工艺上，施工工艺优化，边坡逐级开挖。通过边坡逐级开挖防护的方式，将防护材料直接从坡体便道运输到上层边坡进行防护。

③技术上，优化工程建设的能源消费结构、研发推广节能减排先进适用技术。比如温拌沥青技术，通过降低沥青铺筑温度减小对邻近环境敏感点的影响。

④系统上，完善工程建设节能减排管理体系，开发并建立施工和运营期能耗监测管理信息系统，对高速土建、路面、房建、机电、配电、消防、照明、绿化、交安各项专项工程实施全过程的施工能耗监测。

⑤措施上，采用集中供电措施，充分采用与永久供电相结合、从居民区引电等手段，以减少柴油的使用。

此外，采用 LED 等新型节能灯，隧道采用智能通风照明技术。

清洁能源的使用。清洁能源的利用体现在充分利用可再生能源，包括太阳能、风能、地热能等可再生绿色能源。拌合楼油改气，沥青拌合站采用液化天然气取代重油、柴油等作为燃料。

（二）生态环保类

1. 生态保护

（1）选线注重保护生态

设计阶段，绕避保护区，对于不良地质，考虑资源环境承载，控制填挖。延崇高速韩庄至棋盘梁段高差较大，设计经过比选，设置螺旋隧道降坡 112m，路线与地形适应性更好，大大减少土石方、用地和对植被的破坏。云南昭通至会泽高速在改扩建时，根据地形采用分离式路基，通过上行线与下行线两条公路立体交叉，克服长下坡问题，使纵坡平缓，有效提高安全性，并减少对地形地貌的破坏。重庆潼荣高速公路以资源环境承载力为基础，通过避让生态敏感点、珍稀动植物栖息地、生态公益林、饮用水源以及占地、跨越河流次数、影响居民户数等定性和定量指标对路线方案进行综合比选，通过 4 个定性指标：涉及生态敏感目标、占用珍稀濒危动植物的生境、占用生态公益林、占用饮用水源；通过 4 个定量指标：占用土地数量、穿河流次数、涉及声 / 气环境敏感点数量、影响居民户数进行生态选线方案比选。实现了生态效益、社会效益、经济效益的有机统一。

（2）注重生态修复

生态修复技术主要包括自然型边坡保护技术、坡面接近自然植物群落恢复重建技术、客土喷播绿化施工法。路堑边坡开口线采取圆弧形设计模拟自然式边坡，以减轻边坡给行车人带来的压迫感、不适感；调查公路沿线自然群落，选择搭配合理的乡土植物。最终形成接近自然的植物群落，使路堑边坡植物群落景观与周围山体自然植被景观相结合。

（3）注重生物栖息环境保护与生态连接

我国公路生态栖息与生态连接工作起步晚，但发展较快。主要技术措施包括：公路路线避让野生动物集中活动区，提高桥隧比以减少干扰，设置动物通道，其形式包括上跨式、下穿式、复合式；加强诱导设施，公路沿线设置警示标志等。云南思小高速在野象出没最频繁的路段，为了保留“象路”，根据野象习惯沿沟谷活动的生活习性，对可以填平的沟坎均采用桥梁跨过。考虑野生动物敏感性，在动物通道出口处植树，为动物提供隐蔽空间，同时起到诱导作用。控制涵洞跌水高度，使涵洞与周边地形顺滑衔接，保证小动物顺利通行。

2. 水环境保护

（1）径流污染防治工程

路面径流往往具有较大的污染性，如果直接流入敏感水体，会造成水体污染，当运输危险化学品的车辆发生事故造成危险品泄漏时，如果没有防范措施，危化品及其稀释液会对敏感水体产生严重污染，影响河流的水质甚至周边居民的饮用水安全。对跨域敏感水体的大桥或者特大桥设置桥面径流监控及应急处理系统，以应对桥面径流污染物排放和危化品泄漏事故，对于经过水源敏感区的路基段进行专门的排水设计和生态边沟集成设计。

（2）施工期注重水环境保护

涉水桥梁桩基应环保施工。优化施工方案，需在枯水期施工、非鱼类繁殖季节施工；采用沉入桩、灌注桩、沉井等基础形式；钻孔灌注桩基础施工优先应用清水钻。泥浆及油污的防护，采用环保泥浆施工工法，施工泥浆循环使用；涉水桥墩桩基施工周围宜设置围油栏，防范施工机械跑、冒、滴、漏形成的油污染。

（3）施工场地雨洪管理控制

针对危废储存泄漏风险管控，对于易燃易爆、有毒有害物储存场所，做好防雨、防渗设施设计。料场防雨，料场周边的收集沟渠与沉淀池联合布设，与桥梁事故池规划相结合，预设沉降净化池防范油污水及地表径流影响。

（4）生活营地污水与施工废水处理

优先利用村镇现有排水及卫生设施；设置旱厕、改良型化粪池、小型生化处理装置等污水收集处理装置。施工废水处理，利用隧道排水，施工废水经沉淀等处理满足要求后用于洒水降尘。

3. 空气环境保护

技术上，采用温拌沥青混合料、热拌减排沥青混合料等减排技术。施工机械与拌和站的尾气排放均应符合 GB 20891 的要求。

扬尘控制方面，做好扬尘控制，洒水降尘。拌和站布置方面，拌和站应设立在施工季节主导风向的下风向。

4. 声环境保护

施工期间，应该合理组织安排强噪声辐射机械的施工时间、施工方式。公路沿线 200

米范围内的居民区、学校、医院等噪声敏感点要满足 GB 3096 的要求。

运营期间，公路上车辆行驶产生的噪声对周边环境的影响是最主要的问题之一，目前主要的噪声防治措施是安装声屏障，生态型声屏障是一种低投入、低成本、没有二次污染的声屏障形式，而且它绿化美观，与沿线自然景观和谐统一，具有良好的环境效益。

（三）品质创新类

1. 路面技术

基于公路服务功能与交通量组成特性，在常规技术不能满足要求的情况下，因地制宜地采用能够提高长期使用性能、节约材料的环保型路面、地方性材料和新型路面材料，以提高路面使用寿命，降低材料消耗。

成渝高速复线重庆段运用高性能混凝土路面、橡胶沥青路面等，强调其高强度、高性能与高耐久性。鹤大高速吉林段根据区域环境特点，灵活选用新型材料铺筑防冰路面、低噪抗滑路面及透水路面等，并选用各种地方性材料，如岩沥青、火山灰等作为路面材料。

2. 标准化建设

首先需要实现设计标准规范化。

①工艺标准化。针对路基路面、桥涵隧道等施工工艺，采用标准的工艺流程。针对小型混凝土构件，采用集中预制、装配化施工。

②工地标准化。以项目部、拌和站、试验室、钢筋加工厂、预制梁场为重点推进工地建设标准化。

③管理标准化。实现现场管理系统化，缩短施工周期，提高施工质量，有效节约能源，提升安全品质。

3. 信息化管理

能够运用信息化手段，对施工过程进行精确模拟和可视化智能管理。

打造智慧工地，运用施工全过程、全方位的安全管理技术；针对环境管理，检测污染排放问题，打造绿色工地。

建立公路管理系统，包括路面管理系统、桥梁管理系统和隧道管理系统。智能采集工程建设全过程数据，并自动统计和分析数据，为后期养护提供数据依据，降低公路工程的养护成本。

4. 建设管理新技术

建设管理新技术主要体现在建筑信息模型（Building Information Modeling，BIM）的应用上。

加强 BIM 技术在设计过程中的应用。充分发挥 BIM 技术在精细化建模、构件碰撞检查、高效出图、施工模拟与控制等方面的优势。

加强 BIM 技术在施工过程中的应用。实现基本 BIM 的施工进度、人力、材料、成本、质量、安全等的动态集成管理及施工过程可视化模拟。

构建高速公路 BIM 管理平台。根据交通运输部公路科学研究院对深中通道全生命周期 BIM 应用的规划，设计阶段运用 BIM 技术实现参数化正向设计、自动算量、自动出图；施工阶段运用 BIM 技术开展施工方案模拟、智能制造、项目协同管理；运营阶段运用 BIM 技术实现资产管理、养护管理、健康监测、机电协同等应用。

（四）安全智慧类

1. 雾区智能诱导设施应用

针对多雨多雾的特殊天气，云南小磨高速开展了低能见度行车安全诱导技术的应用。根据不同的能见度与车流情况，采用不同的发光亮度、颜色、闪频等组合来实施有针对性的诱导策略，为驾驶员提供道路轮廓强化、行车主动诱导、防止追尾警示等多种安全诱导工作模式，从而实现具有交通环境自适应特点的低能见度大雾路段安全。

2. 智能交通系统

智能交通系统（Intelligent Traffic System，ITS）又称智能运输系统（Intelligent Transportation System），是将先进的科学技术有效地综合运用于交通运输、服务控制和车辆制造，加强车辆、道路、使用者三者之间的联系，从而形成保障安全、提高效率、改善环境、节约能源的综合运输系统。

其中主要包括：电子不停车收费系统（ETC）、交通信息服务系统（ATIS）、交通管理系统（ATMS）、紧急救援系统（EMS）等。其中，电子不停车收费系统（ETC）是智能交通系统的一个重要组成部分，是以采用现代通信、计算机、自动控制等高新技术为主要特点，实现公路不停车收费的新型收费系统，这种收费系统每车收费耗时不到 2s，其收费通道的通行能力是人工收费通道的 5～10 倍。由于其具有实现收费电子化和降低车辆怠速产生的环境污染等优势，已成为国际上公路收费技术发展的主要趋势。

交通信息服务系统（ATIS）面向公路管理者和公众信息的实际需求，主要为公众提供高速公路路况、气象、出行指南、公路养护、服务区信息、路径规划、地图、路政、运营等方面的信息。

（五）服务共享类

1. 旅游拓展设置个性化

旅游标志设计。注重旅游资源调查，公路 logo 设计。海南国际旅游岛旅游标识体系及公共信息图形符号建设项目针对旅游景点进行了专项 logo 设计，切入景观特征和地域文化、突出识别，对特色景区景观进行专项 logo 设计，使其内容明晰易懂，反映出地域的自然和文化特征，产生品牌效应，促进区域旅游宣传。

设置观景台。观景台的选址有代表性，空间布局合理；严格控制规模，充分利用废弃场地；交通和人流组织合理；设计内容简洁自然；提供必要的休息设施；提供景观信息指示标志。

设置房车营地。普通服务区中提供房车服务设施。

2. 绿色服务区

绿色服务区要集中应用绿色建筑、绿色能源、绿色照明、水资源再生利用等技术，打造集旅游观光、休闲度假、汽车服务于一体的新型服务区。同时，需要在服务区配备电动汽车充电桩设施。

江西永武高速西海服务区是全国首个低碳服务区、江西首个“第四代”服务。江西省首次在服务区建设了太阳能光伏发电站，并集中应用了光导、风能等绿色照明技术，服务区自然光利用技术，以及服务区生活垃圾资源化技术、智能节水、水源热泵桥面自动融冰技术、热反射路面等十多项低碳环保技术。

3. 景观融合及美化

公路尤其是旅游公路，应该高度重视公路沿线视觉景观，要通过恰当的公路景观设计，尽可能保护和恢复自然景观，在风景良好路段设置旅客中途休息区、观景台；沿线树种搭配合理，能够与季节相适应；因地制宜保护和营造好历史人文景观，结合沿线风景名胜或历史遗迹编制公路文化展示方案，配合景观小品讲解沿线景观景点、民俗文化、地方特产。

四、绿色公路建设要点分析

为了确保公路施工质量水平的提高，应严格把握绿色公路建设要点，在具体实施中建立低碳化路网规划绿色公路交通体系、构建低碳节能环保的绿色公路建设体系、加强对节能环保绿色公路运营管理。

（一）建立低碳化路网规划绿色公路交通体系

就目前来看，我国在传统高速公路设计中过于强调经济效益而忽视了生态环境保护，在绿色公路建设中应确保经济效益、交通建设、生态保护的和谐统一，实现经济效益最大化。在绿色公路交通体系建设中，应确保节能环保与公路建设并重，树立“节约资源、和谐发展”理念，对公路生态保障体系加以完善，确保公路建设更好的发展。与此同时，建筑施工企业应加强对施工人员的培训管理，在公路施工中，施工人员的专业水平直接影响公路质量，在这种情况下，施工企业应对施工人员加强培训管理，定期组织培训讲座，帮助施工人员掌握更多新型的施工技术与理论知识，使施工人员技术水平得到全面提升，为公路施工构建一支高素质的施工队伍，避免施工隐患的发生。为了提升工程施工质量，还应不断优化施工工艺，这对于工程质量的提高大有裨益，施工人员在公路施工中应严格遵守相关规定。

（二）构建低碳节能环保的绿色公路建设体系

施工人员在公路建设施工中，还应坚持节能环保理念，运用各种绿色技术，确保公路设计、公路施工、施工运营及管理各阶段达到环境效益、经济效益最大化，使能源成本降到最低，实现资源配置最大化。在绿色公路建设施工中，施工人员应遵循环保选线原则，对线路走廊情况进行调查，根据施工现场实际情合理制订施工设计方案，避开生态敏感区以及环境保护区，降低土地资源占用率。由于公路施工的破坏性极大，因此施工企业应对公路项目建设施工加强管理，选择高质量的施工材料以及先进的施工技术，延长工程使用寿命。与此同时，还应将环境管理措施应用其中，防治施工废水、生活污水流入地下水，对生态环境造成污染。在公路施工中环保工程应同步进行，例如噪声防治工程、绿化景观工程、污水处理工程等，确保实现环境效益。

（三）加强对节能环保绿色公路运营管理

绿色公路要求公路坚持“安全高效、持续发展”原则开展运营，通过养护管理对策将安全隐患充分消除，促进公路使用质量与运输能力的提高。同时，应对环保工程使用效果、环境质量监测、生态恢复情况进行调查，一旦发现问题应及时处理，确保自然环境与公路建设的和谐统一。为减少交通事故的发生，保证司机与乘客的生命安全，应构建公路服务体系，全面贯彻“预防为主、防治结合”原则，根据技术资料做出科学决策，使公路损坏因素充分消除，使设施耐久性全面增强，为人们的出行带来诸多便利。与此同时，施工企业应有效健全监理制度，使工程监督水平全面提升，通过这种方法严格控制工程施工工期与成本，确保工程施工按时完成，保障工程施工质量。

五、绿色公路的经济学属性

在经济学中，人类所有的社会产品可以分为三类：公共产品、准公共产品以及私人产品。公共产品是指供社会成员共同享用或消费的产品，私人产品是指通过一定的市场机制提供给私人使用或者消费的产品或服务。某人在消费公共物品时不能排除他人消费这一物品谓之公共物品的非排他性，不会影响他人消费这一物品谓之公共物品的非竞争性。

（一）公路的准公共产品属性

公路，特别是非收费公路具有完全的非排他性，同时具有一定范围内的非竞争性。公路建成后，当交通流量处于某一拥挤流量点之下时，它的消费具有非竞争性，但当流量高于拥挤流量点后，它的消费就具有了竞争性，因此，从本质上讲公路具有公共产品的属性。而根据经济学理论的分析，生产公共物品的部门或项目具有不可忽视的外部效益。如果不做出某种制度或技术上的安排，市场竞争无法对有限的资源进行最优配置。因此一直以来，公共物品不是由个体来生产供给，而是由政府来承担生产与提供公共物品的义务，这样才有助于实现公共物品的最优配置。

正是由于公路是社会公益性质的重要基础设施，其具有准公共产品属性，因此我们国家在公路建设发展的早期阶段，公路由政府直接投资建设。但公路建设投资巨大，完全由政府投资导致公路建设资金长期严重不足，公路发展极不稳定。

随着国民经济管理体制的改革，同时为缓解社会经济发展对公路建设的旺盛需求与公路建设资金严重不足的矛盾，人们提出通过公路商品化的方式来促进公路建设融资投资体制改革。经过多年的深入改革，在特许经营这一制度保障下，我国公路产业化经营得到了长足发展，我国公路建设的投融资模式也发生了很大的变化，已由国家单一投资方式转变为多渠道、多元化的投资方式。特别是我国公共服务供给机制的重大创新——政府和社会资本合作（PPP）模式近年来在我国公路建设领域得到快速应用与发展，并逐渐成为我国交通基础设施投融资的主导模式。在我国公路产业化发展进程中，政府在掌握公路所有权的基础上，积极利用以 PPP 模式为代表的特许经营模式来吸引社会资金参与公路建设与运营，从而最大程度上发挥市场机制对资源的配置作用。

（二）绿色公路显著的外部性

近年来，公路建设行业一直在逐步改变发展方式，交通建设逐渐朝建设绿色公路方向转型升级。在我国公路产业化、市场化发展的大背景下，绿色公路建设也融入市场化进程中，因此绿色公路推广必然受到市场机制的影响。同时，与普通公路相比，绿色公路具有更为显著的外部性。外部性分为正、负两种。经济学中指出，正外部性是指某个经济主体的活动能给其他经济主体带来额外的利益，但其自身却不能由此而得到相应补偿。公路建设企业若选择建设更高成本的绿色公路，能够节约社会资源、保护生态环境，使出行者享受高效优质的服务，同时促进相关地区的经济发展，但在市场经济条件下建设企业并未获得额外的补偿，因此绿色公路与普通公路相比具有更为显著的正外部性。经济学原理指出，当一个产品具有正外部性时，则市场配置下的最优产量将低于社会配置下的最优产量，所以若没有政府规制政策的介入，将导致绿色公路建设市场失灵，绿色公路建设规模远达不到理想规模。因此，要使绿色公路建设能达到社会最优规模，除了要加强市场机制的作用，政府部门也要对绿色公路建设市场进行有效的规制，确保社会利益最大化。

综合以上分析，在公路产业化发展的大背景下，绿色公路的推广一方面受到市场机制的影响，另一方面也受到政府对绿色公路建设市场的规制作用的影响。

第二节　绿色公路的特点

新时期绿色公路应具有以下八方面的特征。

一、集约节约资源

在公路建设和使用过程中，需要使用和占用大量资源，包括公路本身占用的路网和廊道资源，新建和扩建公路占用的土地资源，公路施工和管养过程中消耗的建材、水、矿产资源等。绿色公路必须统筹利用资源，实现集约节约。

（一）能源的集约利用

绿色公路通过采用新能源技术、智能化技术和节能技术等手段，实现了能源的集约利用。比如，使用电动车或混合动力车辆替代传统燃油车辆，减少能源的消耗；利用智能化交通系统，通过实时调节信号灯、对交通流量的控制，减少能源的浪费；在公路建设和维护中采用节能材料和技术，减少能源的消耗。

（二）资源的节约利用

绿色公路通过采用资源节约的措施，实现了资源的节约利用。比如，采用可再生能源，如太阳能和风能等，减少对有限资源的依赖；在公路建设和维护中，采用节水、节材等技术，减少对水和材料等资源的消耗；通过合理规划交通路线和优化运输组织等手段，减少能源和物质的浪费，提高资源的利用效率。

（三）环境的保护和改善

绿色公路通过采用环境友好型技术和措施，实现了对环境的保护和改善。比如，使用电动车或混合动力车辆，减少污染物的排放；采用环保型材料和技术，减少对环境的破坏；在公路建设和维护中，采用生态修复和环保监测等措施，保护和改善生态环境。

（四）智能化和信息化的特点

绿色公路采用智能化和信息化技术，实现了交通系统的高效运行和管理。比如，利用智能交通系统，实现交通信号灯的实时调节和交通流量的控制，提高交通效率和运输能力；在车辆管理和运输组织中，采用 GPS 导航和物流信息系统等技术，实现车辆调度和运输过程的可视化和信息化管理。

绿色公路的推广和应用有利于促进资源的节约和环境的保护，也有助于推动交通运输业的转型升级和可持续性发展。

二、优化能源使用

绿色公路从两个角度优化对能源的使用，一是节约使用能源，二是推行绿色能源。节约使用能源可以通过优化设计、改进技术和完善管理等不同方式提高能源利用效率或减少总体耗能需求。推行绿色能源是要促进清洁能源和可再生能源在公路建设和运营阶段的使用，这样既能减少传统能源的使用，也可以为将来绿色能源的全面使用奠定基础和积累经验。

（一）新能源车辆的应用

绿色公路采用电动车、混合动力车辆等新型能源车辆，实现了对传统燃油车辆的替代，从而减少了传统燃油车辆的排放和能源消耗。电动车、混合动力车辆等新型能源车辆的应用不仅可以降低交通运输业对石油等化石能源的依赖，而且能够有效地减少空气污染物的排放，提高交通运输的环境质量。

（二）智能交通系统的应用

智能交通系统可以实现交通流量的实时监测、控制和调整，从而优化道路交通组织，减少车辆的等待时间和行驶距离，减少能源的浪费。智能交通系统不仅能够提高道路交通的安全性和效率，而且能够减少对传统能源的消耗，实现对能源的优化利用。

（三）绿色能源的利用

绿色公路采用可再生能源如太阳能、风能等作为能源来源，实现了对传统化石能源的替代，从而减少了化石能源的消耗和环境污染。同时，绿色公路在建设和运营过程中，采用了节能技术、清洁生产技术等手段，实现了能源的集约利用和节约利用。

（四）绿色材料的应用

绿色公路采用环保材料和绿色建材，如再生骨料、可降解材料等，实现了对传统建筑材料的替代，从而减少了对自然资源的消耗和环境污染。同时，绿色公路在建设和运营过程中，采用了绿色施工、绿色运营等环保措施，实现了对环境的保护和改善。

（五）车辆共享和物流配送

绿色公路采用车辆共享和物流配送等方式，实现了车辆的多元化运用，提高了运输效率和能源利用效率。

车辆共享是指多家企业或个人共同使用一辆或多辆车辆，实现车辆资源的共享和多元化运用。在绿色公路中，车辆共享可以有效地减少车辆的闲置时间和空驶率，减少能源的浪费。通过建立车辆共享平台，企业和个人可以更加灵活地使用车辆，提高运输效率和能源利用效率。

物流配送是指将货物从生产地点运输到销售地点的过程。在绿色公路中，物流配送可以实现货物的集中运输和多种物流方式，减少车辆的往返运输，从而降低能源消耗和环境污染。通过建立物流配送中心，货物可以在配送中心进行分拣、集中运输，避免了物流中途的转运和仓储，提高了运输效率和能源利用效率。

除了车辆共享和物流配送，绿色公路还可以采用其他交通方式，如公共交通、自行车、步行等，以减少对传统能源的消耗和环境污染。公共交通可以实现大量乘客的集中运输，减少个人驾车和城市交通堵塞，提高交通效率和能源利用效率；自行车和步行可以减少对汽车和其他交通工具的依赖，同时能够促进身体健康，改善城市空气质量。

三、重视生态环保

对生态环境的保护本身是公路发展与环境破坏的矛盾点，是绿色公路契合生态文明建设和绿色发展理念的基本出发点，也是公路建设理念发展历程中一直强调的重点。新时期绿色公路对生态环保非常重视，既要考虑行业和社会经济的发展，也要追求对生态环境的破坏最小化和修复最大化，实现人与自然的和谐平衡。绿色公路要综合统筹考虑建设的全过程控制和环境要素的全方位保护，实现公路对生态环境的破坏最小化和修复最大化，追求公路与自然的和谐统一。

（一）重视自然生态保护

绿色公路在设计和建设过程中，注重对周边自然生态的保护，减少对生态环境的影响。例如，在公路建设过程中，采用生态恢复和生态修复技术，保护并修复公路沿线的生态系统和生物多样性，减少公路建设对生态环境的破坏。此外，在公路建设过程中，绿色公路还注意采用环保材料和生态建材，减少对自然环境的影响。

（二）注重污染控制和减排

绿色公路注重控制污染和减少排放，采用先进的污染控制技术和环境监测系统，实现对污染物的有效控制和排放的精准监测。例如，在公路建设过程中，采用雨水收集和利用系统，将雨水收集后用于公路绿化、洗车等，减少道路污染物的排放。同时，绿色公路注重推广低碳出行理念，鼓励市民采用公共交通、步行、自行车等环保出行方式，减少车辆污染物的排放。

（三）注重循环利用和资源共享

绿色公路注重循环利用和资源共享，采用车辆共享、物流配送等方式，实现车辆的多元化运用，提高运输效率和能源利用效率。同时，绿色公路还注重推广绿色物流，鼓励企业采用环保包装和物流方式，实现物流过程中资源的最大化利用和节约。绿色公路还采用垃圾分类和处理技术，实现对垃圾的资源化利用和减少对环境的污染。

（四）重视社会责任和公众参与

绿色公路重视社会责任和公众参与，注重与社会各界的合作和交流，共同推进绿色公路建设。绿色公路还注重宣传绿色出行理念，鼓励公众采用环保出行方式，参与到环保事业中。此外，绿色公路还注重推广环保文化，组织各类环保活动，提高公众的环保意识和环保素养。

绿色公路重视生态环保，是其建设和发展的核心特征。通过重视自然生态保护、污染控制和减排、推广绿色能源和节能技术、循环利用和资源共享以及社会责任和公众参与，绿色公路实现了对生态环境的保护和对资源的优化利用，为经济发展和社会进步注入了绿色动力。

四、控制污染排放

我国路网覆盖面广，通行里程长，影响区域和范围非常广。公路发展过程中产生的污染排放不仅破坏自然环境，也危害周边居民健康，阻碍沿线区域经济发展，甚至可能引发和加剧社会冲突与矛盾。因此，绿色公路必须对污染排放进行严格控制，满足国家和地方的相关排放要求，在部分敏感区域和路段要争取达到“零排放”，尽可能减少公路发展对沿线环境和社会产生负面影响，实现经济、社会与环境的和谐发展。

（一）注重环境保护

绿色公路建设和发展的首要任务就是环境保护，其中控制污染排放是环境保护的重要内容之一。绿色公路注重保护生态环境，防止污染物对自然环境和人类健康造成危害。为此，绿色公路在建设和运营过程中，严格遵守环保法律法规，采取一系列的技术和管理措施，保护周边自然环境，防止污染物破坏生态环境。

（二）采用先进的污染控制技术

为了控制污染排放，绿色公路采用先进的污染控制技术。绿色公路的运输车辆采用低排放、高效能的发动机，采用先进的尾气处理设备，减少车辆排放的有害气体。同时，绿色公路建立污染监测体系，对污染物排放进行实时监测和数据分析，确保排放量和排放质量符合环保要求。

（三）推广绿色能源和节能技术

为了控制污染排放，绿色公路还注重推广绿色能源和节能技术。绿色公路采用清洁能源替代传统能源，如采用电力代替石油，采用生物燃料代替石油等。同时，绿色公路还采用节能技术，如减少车辆重量、降低车速、合理调整路线等，以减少对能源的消耗和污染排放。

（四）推进循环经济，减少废物排放

为了控制污染排放，绿色公路还注重推进循环经济，减少废物排放。绿色公路采用循环利用和资源共享的方式，减少废物产生，实现废物再利用和资源最大化利用。同时，绿色公路还建立废物处理系统，对产生的废物进行分类和处理，减少废物排放对环境的污染。

（五）加强管理，保证污染控制的实施

为了保证对污染排放的控制措施得到有效的实施，绿色公路还需要加强管理，包括：第一，建立健全管理体系。绿色公路需要建立健全管理体系，包括污染排放监测、管理和处罚等方面，确保污染控制的全面实施。第二，严格执行污染排放标准。绿色公路需要严格执行国家和地方的污染排放标准，对污染物排放量和质量进行严格监管和控制。第三，完善污染排放监测和数据报告。绿色公路需要建立污染排放监测体系，对污染物排放进行实时监测和数据分析，确保排放量和排放质量符合环保要求，并及时向有关部门报告污染排放数据。第四，加强对车辆运营的监管。绿色公路需要加强对车辆运营的监管，包括车辆使用、车辆维护和驾驶员管理等方面，确保车辆运营符合环保要求。第五，完善污染排放处罚机制。绿色公路需要建立完善的污染排放处罚机制，对违反污染排放标准的企业和个人进行严厉处罚，形成对污染行为的威慑作用。

通过以上管理措施的实施，绿色公路可以有效地控制污染排放，保护生态环境和人类健康。同时，这些管理措施也为绿色公路的可持续发展提供了坚实的保障。

五、着眼周期成本

绿色公路要从全寿命周期的角度考虑其建设和维护成本。要将公路运营和维护同工程设计与建设一并考虑，突出全生命，强调系统性，强化结构设计与养护设施的统一。要通过新技术、新工艺、新材料和新机制的应用来延长公路使用寿命，同时降低公路运营养护成本，提高公路养护便利化水平，提高工程耐久性。要在满足其社会服务功能和价值的前提下，最大限度地节约成本。

（一）绿色公路的周期成本

绿色公路着眼周期成本，强调在设计和建设阶段考虑公路的全生命周期成本，包括建设、维护、运营、拆除等阶段的成本。这种考虑是为了提高公路的经济效益和可持续性，充分利用资源和节约成本。

绿色公路在设计和建设阶段，需要综合考虑公路的建设和运营成本，以及公路对环境的影响和社会效益。公路的建设成本包括设计、施工、监管、材料、设备等方面的成本，公路的运营成本包括维护、管理、安全、交通、环保等方面的成本。公路的全生命周期成本还包括公路的拆除成本和环境治理成本等。

（二）绿色公路的周期成本管理

绿色公路的周期成本管理需要从以下 4 个方面入手：

①绿色公路的设计阶段，需要制定全面的规划和设计方案，考虑公路的全生命周期成本，以及公路对环境的影响和社会效益。要尽可能减少成本，同时也要保证公路的质量和安全性。

②绿色公路的建设阶段，需要科学、规范地进行施工管理，提高施工质量，减少施工成本。同时，也要注意保护环境，避免破坏和污染生态环境。

③绿色公路的运营阶段，需要做好公路的维护和管理工作，保证公路的正常运营，减少运营成本，延长公路的使用寿命。

④绿色公路的拆除阶段，需要按照规定进行拆除，并进行环境治理和修复工作，保证公路拆除后的环境质量。

通过合理的周期成本管理，绿色公路可以减少资源的浪费，降低公路的总成本，同时可以提高公路的质量和安全性。绿色公路的周期成本管理还可以促进公路的可持续发展，实现经济、社会和环境的协调。

六、实施创新驱动

绿色公路的理念往往需要通过先进的技术和方法来实现。在科技创新发展的新时期，公路建设要紧跟时代步伐，通过创新来驱动行业转型升级。实施创新驱动不仅要靠关键技术的突破提升，也要依靠先进技术和成功经验在更大范围内积极推广；即绿色公路不仅要技术创新，也需要理念创新和机制创新；既要寻求新的方法、手段解决现存的问题，也要将既有的技术、措施应用到更广阔的领域。在开展绿色公路关键技术研究的同时要总结推广公路建设、管理新经验。

（一）技术创新

绿色公路实施技术创新，通过引进新技术、新材料、新工艺等手段，提高公路的质量和效益。绿色公路可以采用智能化的监控系统、绿色材料、公路设计和建造的模拟仿真等先进技术，使公路的设计、建设、运营等方面更加高效、智能、环保。

（二）管理创新

绿色公路实施管理创新，通过优化管理方式和机制，提高公路的管理水平和运营效率。绿色公路可以采用现代化的信息技术和管理手段，对公路的设计、建设、运营和维护等方面进行全面的监测和管理，实现公路的智能化、数字化和智能化管理。

（三）商业模式创新

绿色公路实施商业模式创新，通过创新公路建设和运营的商业模式，提高公路的盈利能力和社会效益。绿色公路可以采用 PPP、BOT 等多种商业模式，吸引社会资本参与公路建设和运营，实现公路的可持续发展。

（四）社会参与创新

绿色公路实施社会参与创新，通过鼓励社会组织、企业和公众等各方面的参与，相互协作，共同推进公路的可持续发展。绿色公路可以鼓励社会组织和企业参与公路的设计、建设和运营等各方面的工作，提高公路的管理水平和运营效率。

（五）生态保护创新

绿色公路实施生态保护创新，通过保护和修复生态环境，实现公路的生态效益和可持续发展。绿色公路可以采用生态修复、生态景观设计等手段，保护和修复公路周边的生态环境，实现公路的生态可持续发展。

总之，绿色公路实施创新驱动是保障公路可持续发展的重要手段之一，需要通过技术创新、管理创新、商业模式创新、社会参与创新和生态保护创新等方面的措施，实现公路的可持续发展和创新驱动。

七、提升工程品质

工程品质是对公路自身状况优良程度的综合表征，在绿色公路理念指导下的工程项目必然要有优良的工程品质。与之对应的，具备优良工程品质的公路也更能够契合绿色公路的各项特征要求。因此，追求工程品质提升是建设绿色公路的必要条件，而打造绿色公路是实现工程品质提升的充分理由。

（一）提高建设标准

建设标准是保证工程品质的基础。绿色公路在建设之前需要确定科学合理的建设标准，不断提高标准的要求，从而保证公路的质量和安全性。具体措施包括。第一，加强设计规范的制定和修订，确保公路设计符合国家和地方的规范标准。第二，严格控制建设资金的使用，确保资金使用效益最大化。第三，加强施工管理和监督，严格执行施工规范和施工质量标准，确保公路施工质量达到标准要求。第四，定期对工程质量进行检测和评估，发现问题及时解决，确保公路质量达到设计要求。

（二）采用先进技术

先进技术是保证工程品质的重要保障。绿色公路在建设过程中需要不断引进和应用先进技术，从而提升公路的设计、施工和维护水平。具体措施包括：第一，应用先进的公路设计软件和模拟分析技术，确保公路设计方案的科学性和合理性；第二，采用新材料和新技术，提高公路的耐久性和安全性，例如：采用高性能水泥混凝土、高性能沥青等；第三，引进智能化设备和信息化技术，提高公路建设和维护效率，例如：采用智能化施工设备、物联网技术等；第四，建立科学的质量控制体系，采用自动化和数字化技术对公路建设过程进行全面监控和数据分析，实现质量管理的精细化和科学化。

（三）重视环境保护

环境保护是绿色公路建设过程中必须重视的方面。绿色公路需要采取一系列的环保措施，保护自然环境和生态环境。具体措施包括：第一，采用生态修复技术，对公路建设和维护过程中破坏的生态环境进行修复和恢复；第二，采用低碳建设技术，减少公路建设和运营对环境的影响，例如采用低碳材料、绿色建筑技术和能源节约技术等；第三，加强垃圾和废弃物处理，对建设和运营过程中产生的垃圾和废弃物进行分类、回收和处理，减少对环境的污染和破坏；第四，加强水资源保护，对公路建设和运营过程中的水资源进行科学管理和保护，减少水资源的浪费和污染；第五，加强环境监测和评估，对公路建设和运营过程中的环境影响定期进行监测和评估，及时发现和解决环境问题，保障公路建设和运营的环境安全性。

在绿色公路建设过程中，环境保护不仅是一项义务和责任，也是一种战略和机遇。通过环境保护，可以提高公路建设和运营的品质和形象，增强公路的可持续发展能力，也可以为社会和环境做出积极贡献。

八、拓展服务功能

随着社会发展和消费升级，人们的出行需求也逐渐丰富和多元化。绿色公路要适应变化并把握变化带来的机遇，通过对沿线服务设施的改造升级和引进新技术手段，丰富服务内容，扩大服务范围，提升服务水平，最终为人们带来更便捷、更舒适的出行体验。

（一）生态旅游服务

绿色公路的建设过程中，应当注重生态环境的保护和生态旅游的开发。沿着公路可以设置生态公园、生态旅游区、户外运动区等旅游设施，不仅能为游客提供各种旅游服务和娱乐设施，也可以为当地的经济发展带来新的动力和机遇。

1. 生态环境保护

绿色公路建设过程中，应当注重生态环境保护，采取一系列的环保措施，保护自然生态环境。具体措施包括：第一，采用生态修复技术，对公路建设和维护过程中破坏的生态环境进行修复和恢复；第二，采用低影响开发技术，减少对生态环境的影响；第三，强化环保管理，严格控制排污、噪声和振动等污染物的排放，确保公路建设和运营过程中的环境安全。

2. 生态旅游开发

绿色公路建设完成后，可以通过生态旅游的开发，充分利用公路沿线的自然和文化资源，促进当地经济和社会的发展。生态旅游的开发应当注重以下几个方面：第一，保护生态环境。生态旅游开发应当注重对自然环境和生态系统的保护，采取生态修复和保护措施，保持生态环境的完整性和稳定性。第二，创新旅游模式。生态旅游的开发应当创新旅游模式，推广可持续的旅游方式，鼓励游客参与生态保护和环境治理，实现旅游与环保的双赢。第三，提升旅游体验。生态旅游的开发应当注重提升旅游体验，打造独特的旅游产品，满足游客不同的需求，增强游客的游览体验。第四，引导旅游消费。生态旅游的开发应当引导旅游消费，推动旅游消费朝高品质、高附加值、多元化方向转变，实现旅游产业的可持续发展。

3. 绿色公路生态旅游的实践案例

青海湖环湖旅游公路是中国西北地区著名的生态旅游公路，全长 360 公里，经过三个县区和九个乡镇，路线贯穿青海湖南北两岸。公路沿线景色秀美，风光旖旎，是中国西北地区的著名旅游胜地之一。该公路建设过程中注重生态环保和文化保护，保护青海湖生态环境和藏族文化。

青海湖环湖旅游公路的设计理念和建设目标是实现旅游资源和环境的协调发展，提高旅游质量和环保水平。在公路建设过程中，采用多种绿色建设技术和环保措施，保护青海湖的生态环境和生物多样性。

青海湖环湖旅游公路还注重推广和开发生态旅游项目，如骑行、徒步、摄影、鱼钓等旅游活动，既保护了环境，又丰富了旅游产品，还促进了当地经济的发展。

此外，青海湖环湖旅游公路还注重推广和保护藏族文化，通过展览、表演、制作传统手工艺品等形式，展示和传承当地的文化遗产和民俗风情。

总之，青海湖环湖旅游公路的建设和管理，体现了绿色公路建设的理念和要求，保护了生态环境和文化遗产，提高了旅游质量和环保水平，为生态旅游的发展和可持续发展做出了积极贡献。

（二）物流配送服务

绿色公路的建设应当结合当地的物流配送需求，为企业和商家提供高效、快捷的物流配送服务。公路沿线可以设立物流中心、仓储设施等物流基础设施，还可以采用物流技术和管理手段，提高物流效率和服务质量。

1. 物流配送服务的意义

物流配送服务是绿色公路的重要服务内容之一，它可以为当地企业和商家提供高效、快捷的物流配送服务，促进地方经济的发展和社会生产的进步。物流配送服务的意义主要体现在以下几个方面：

（1）促进经济发展

物流配送服务可以为当地企业提供高效的物流配送服务，降低企业的物流成本，提高企业的运营效率，促进企业生产发展和经济繁荣。

（2）提高服务质量

物流配送服务可以为商家提供更快速、更安全、更可靠的物流服务，提高商家的服务质量和信誉度，增强商家的市场竞争力。

（3）减少物流污染

物流配送服务可以通过优化配送路线、提高车辆利用率等方式，减少物流配送过程中的能源消耗和污染排放，降低物流配送对环境的影响。

2. 物流配送服务的实践

为了更好地实现物流配送服务的目标，绿色公路需要采取一系列实践策略。

（1）优化物流配送网络

绿色公路应当建立健全物流配送网络，通过建立集散中心、分拨中心等配送中心，优化配送路线和运输方式，提高配送效率和服务质量。

（2）推广共享物流配送

绿色公路应当倡导共享经济理念，推广共享物流配送服务。通过共享配送资源、共享配送车辆等方式，降低物流配送成本，提高物流配送效率。

（3）加强信息化建设

绿色公路应当加强信息化建设，通过建立物流信息平台、物流管理系统等方式，实现物流信息化和智能化，提高物流配送效率和服务质量。

（4）提高物流配送能力

绿色公路应当加强对物流配送从业人员的培训和管理，提高他们的物流配送能力和服务水平，为当地企业和商家提供更专业、更高效的物流配送服务。

（5）优化物流配送服务流程

绿色公路应当优化物流配送服务流程，通过建立标准化、规范化的物流配送服务流程，实现物流配送服务的高效化和精细化。

（6）提高物流配送服务质量

绿色公路应当加强对物流配送服务质量的监督和管理，建立健全物流配送服务质量评估机制，不断提高物流配送服务质量。

（7）推广绿色物流配送

绿色公路应当积极推广绿色物流配送理念，通过采用绿色能源、推广环保包装等方式，实现物流配送的绿色化和环保化。

（8）建立信任机制

绿色公路应当建立诚信和信任机制，保障物流配送服务的可信度和可靠性，提高物流配送服务的满意度和信任度。

通过采取上述实践策略，绿色公路可以更好地满足当地企业和商家的物流配送需求，提高物流配送服务的效率和质量，实现公路建设的可持续发展。

（三）农产品营销服务

绿色公路沿线大多数地区为农业区域，绿色公路可以促进农产品的流通和营销。公路沿线可以设置农产品展销中心、物流配送中心等基础设施，提高农产品的销售和市场竞争力。同时，还可以采用电商平台、移动营销等方式，促进农产品的推广和营销。

1. 特点

依托交通运输优势，促进农产品的流通。绿色公路的建设可以缩短农产品的运输距离和时间，提高农产品的保鲜程度和质量，促进农产品的流通和销售。

注重品质保障和标准化生产。绿色公路沿线的农产品生产应当注重品质保障和标准化生产，保证农产品的质量和安全，提高消费者的信任度和满意度。

创新营销模式，提高农产品附加值。绿色公路沿线的农产品营销应当创新营销模式，通过品牌建设、电商平台等方式，提高农产品的附加值和市场竞争力。

2. 实践

建立农产品物流配送网络。绿色公路应当与当地的农产品企业和合作社建立农产品物流配送网络，通过建立物流集散中心、配送中心等方式，实现农产品的快速配送和销售。

促进农产品品牌建设。绿色公路沿线的农产品应当注重品牌建设，通过建立农产品品牌和标识，提高消费者对农产品的认知度和信任度。

开发电商平台，拓展销售渠道。绿色公路沿线的农产品可以通过开发电商平台等方式，拓展销售渠道，提高农产品的销售量和附加值。

加强农产品营销人员的培训和管理。应当加强对绿色公路沿线的农产品营销人员的培训和管理，提高他们的营销能力和服务水平，为当地农产品的流通和销售提供专业的支持和服务。

（四）文化旅游服务

绿色公路沿线有许多历史文化遗迹和景点，可以将这些文化资源与公路建设结合起来，打造文化旅游线路。公路沿线可以设置历史文化展览馆、文化遗产保护基地等设施，为游客提供文化旅游服务和体验。

1. 绿色公路与文化旅游的结合

（1）利用文化资源丰富绿色公路旅游产品

绿色公路沿线拥有丰富的历史文化资源，包括历史建筑、文化遗址、民俗文化等。利用这些文化资源可以打造绿色公路的特色旅游产品，吸引更多游客前来游览。

（2）建立文化旅游产业链

将绿色公路旅游和文化旅游相结合，建立完整的文化旅游产业链，包括旅游交通、旅游住宿、旅游餐饮、旅游购物等。通过完善的旅游服务体系，提供更便捷、更舒适的旅游服务，促进文化旅游产业的发展。

（3）创新文化旅游产品和服务

通过创新文化旅游产品和服务，开发新型的旅游产品和服务模式，提升绿色公路的文化旅游吸引力。例如，开展主题文化旅游活动、推出文化旅游套餐产品、提供个性化定制旅游服务等。

2. 绿色公路文化旅游的实践案例

（1）湖南张家界绿色公路文化旅游线路

湖南张家界绿色公路全长 140 公里，沿途景色秀美，是一条融合自然风光和历史文化的绿色公路。该公路沿途有张家界、天门山、凤凰古城等知名景点和历史遗迹，既能欣赏自然风光，又能领略湖南传统文化。

（2）江西赣州“绿色文化之旅”

江西赣州绿色公路全长 500 公里，沿途有许多历史文化遗迹和风景名胜区，是一条融合自然风光、文化遗产和民俗文化的绿色公路。该公路沿途有龙虎山、庐山、婺源等著名景点和历史遗迹，还有众多的民俗文化体验项目，如江西围棋文化体验、抚州茶文化体验等。

（3）四川峨眉山绿色公路文化旅游线路

四川峨眉山绿色公路全长 130 公里，沿途有峨眉山、乐山大佛等著名景点和历史遗迹，是一条融合佛教文化和自然风光的绿色公路。该公路还推出了峨眉山文化体验、佛教文化体验等旅游项目，吸引了众多游客前来参观。

（4）云南腾冲绿色公路文化旅游线路

云南腾冲绿色公路全长约 140 公里，沿途有腾冲热海、虎跳峡等著名景点和历史遗迹，是一条融合自然风光、少数民族文化和历史文化的绿色公路。该公路还推出了腾冲温泉文化体验、彝族文化体验等旅游项目，深受游客欢迎。

（5）浙江绍兴绿色公路文化旅游线路

浙江绍兴绿色公路全长约 100 公里，沿途有东湖、鲁迅故居等知名景点和历史遗迹，是一条融合自然风光和文化遗产的绿色公路。该公路还推出了绍兴古城文化体验、茶文化体验等旅游项目，吸引了众多游客前来参观。

通过以上实践案例可以看出，绿色公路与文化旅游相结合，不仅可以展示当地的自然风光和历史文化，还能提高公路的知名度和知晓度，推动当地的旅游业和经济发展。同时，文化旅游的开发也为绿色公路的建设提供了更多的经济和社会价值。

第三章 绿色公路能耗监测的重要性和必要性

第一节 绿色公路能耗监测的重要性

绿色公路的能耗监测是一项非常重要的工作，它可以帮助公路管理部门更好地了解公路能耗情况，为制定能源管理政策和规划提供科学依据，也可以推动公路建设的可持续发展。

一、提高能源利用效率

绿色公路能耗监测可以及时了解公路各个环节的能耗情况，为公路管理部门提供科学的决策依据，制定科学合理的能源管理政策，提高能源利用效率，降低公路的总成本。

（一）绿色公路能耗监测的重要性

1. 了解能源消耗情况

绿色公路能耗监测可以全面了解公路建设和运营过程中的能源消耗情况，包括能源类型、能耗量、能源使用效率等。这些信息对于公路的运营管理和节能减排具有重要的指导作用。

2. 优化能源利用

通过对绿色公路能耗监测，可以及时发现公路建设和运营中的能源浪费和能源利用不充分等问题，从而及时采取措施进行优化，提高能源利用效率。

3. 降低公路成本

绿色公路能耗监测可以帮助公路管理部门及时发现和解决能源消耗问题，有效降低公路运营成本。同时，通过优化能源利用，还可以降低公路建设成本。

（二）如何通过能耗监测提高能源利用效率和降低公路成本

1. 建立能耗监测体系

建立科学的能耗监测体系，采集和整合公路运营和管理过程中的能耗信息，为优化能源利用和降低公路成本提供基础数据支持。

2. 制定能源管理方案

根据能耗监测结果，制订科学合理的能源管理方案，优化能源利用，降低能源消耗。其中，包括采用先进的能源技术、优化能源使用结构、制定科学的能源管理政策等。

3. 强化能源管理

强化能源管理，建立完善的能源监控和调度机制，对能源消耗进行实时监控和调整，可以提高能源利用效率，降低能源浪费。强化能源管理是绿色公路能耗监测的重要一环。建立完善的能源监控和调度机制，可以有效降低公路能源消耗，提高能源利用效率，降低能源浪费，从而降低公路的总成本，实现公路的可持续发展。

以下是加强能源管理的几个方面：第一，建立能源管理体系。建立健全能源管理体系，制定能源管理制度和规范，建立能源管理岗位，明确能源管理职责和权限，确保能源管理工作的有效实施。第二，建立能源监控系统。通过建立能源监控系统，实现对公路能源消耗的实时监测和调度。监控系统可以对公路能源消耗情况进行数据采集和分析，为能源管理提供科学依据。第三，优化能源结构。绿色公路应当采用多种能源形式，优化能源结构，实现能源的多元化利用。采用清洁能源，如太阳能、风能等，可以降低公路能源消耗，也可以降低公路对传统能源的依赖程度。第四，节能降耗。绿色公路应当采取节能降耗措施，如对车辆进行节油改造、采用节能灯具等，降低能源消耗和污染排放。第五，加强能源管理培训。加强对公路从业人员的能源管理培训，提高他们的能源管理水平和意识，为公路节能降耗提供人力支持。

二、推动公路建设的可持续发展

绿色公路能耗监测可以及时发现公路建设和维护过程中的能源浪费和环境污染问题，提供技术支持和科学建议，推动公路建设可持续发展，促进公路建设和环境保护协调发展。

（一）公路发展面临的挑战

据交通运输部2020年全国收费公路统计公报数据，全国公路通车总里程达到519.81万公里，其中收费公路里程达到17.29万公里，高速公路里程达到15.29万公里，公路的快速发展推动了经济发展，也为人民的美好出行提供了交通保障。但是，公路发展也面临巨大的挑战：公路建设速度很快，投入的建设资金大，到2020年末，全国收费公路累计建设投资总额达108075.1亿元，其中累计资本金投入34432.5亿元，全国收费公路债务余额还有70661.2亿元，而这笔债务将会严重影响公路事业的健康可持续发展。从全国29个省份收费公路统计公报数据可以看到，全国收费公路2020年总收入4868.2亿元，总支出12346.4亿元，其中，偿还债务本金7180.1亿元，偿还债务利息3061.3亿元，仅仅这两项债务开支就是收入的2.1倍。全国各地除了上海市收费公路盈利4.6亿元，其他省份都在亏损，只能采取开源节流的措施，减少亏损。

较好的开源就是收费，而收费公路的结构特点是高速公路的比例越来越大。目前，高速公路里程15.29万公里，占收费公路17.29万公里的85.3%，所以，有些地方为了增加收入，想方设法将免费公路上的车流引入收费高速公路，同时还能提高高速公路的使用效率。

较好的节流措施就是减少维护成本。在维护成本中，养护支出和运营管理成本占的比重都比较大。2019 年和 2020 年的收费公路统计公报显示，仅养护支出一项，分别占两年收费收入的 13.9% 和 15.3%，养护支出、运营管理支出和公路及附属设施改扩建工程支出之和则分别占两年收费收入的 32.8% 和 37.2%，为了节流，有些地方自然就会想到从这些支出较多的项目里找出路，特别是国、省干道的管理者，为了防止大货车压坏道路，增加维修成本，与高速管理者吸引车流的想法不谋而合，借改造危桥或者其他道路施工项目，采取限高或者封闭车道等措施慢慢施工；有些地方为了完成考核目标，甚至违规设立限高设施，而这些措施对免费道路的管理者和收费公路的管理者都有利，这导致许多地方违规设立限高设施。

解决资金问题、超载问题、拥堵问题，都应从规划着手，引领公路的正常发展，结合《交通强国建设纲要》提出的“智能、平安、绿色、共享交通发展水平明显提高”的要求，采取相应的规划措施。

（二）保障公路智慧、健康、可持续发展的规划措施

为保障公路智慧、健康、可持续运行和发展，需要从经济、技术、管理等方面采取相应措施。根据阻碍公路正常运行和发展的主要原因，应采取以下 4 项规划措施。

1. 合理规划资金，保障公路可持续发展

制约公路持续运行和发展的关键因素是资金。要解决资金问题：

（1）适时调整收费公路的收费标准，增加收费公路的收入

公路，除了具有公益性之外，还具有商品的属性，应该由使用者购买公路服务，而当前收费公路的收费标准存在不合理的现象，收费标准由各省、自治区、直辖市人民政府交通主管部门会同同级价格主管部门、财政部门（经营性公路不需要）审核后，报本级人民政府审查批准。早期的收费标准仅有微调，改变不大，很少考虑收费公路建设和管理成本上涨较快的客观情况，这样导致靠收费的收入根本不能偿还债务，正常运营也十分困难，更别说盈利了。

（2）减少建设和管理成本

公路建设一直是腐败现象的多发领域，说明成本控制还有很大的提升空间。公路管理成本主要是养护成本和运营成本两方面，控制好了超载超限工作，养护成本就会降低。从 2019 年、2020 年的公报数据可以看到，由于高速公路全面采取出入口治超工作，在收费里程大幅增加的情况下，养护成本下降 81.8 亿元。运营成本的控制也有空间，目前，全国 ETC 推广工作进度不快，导致每个收费站服务人员基本不变，如果全面推广“只有安装 ETC 才能上高速公路”的策略，服务人员可以大量减少，运营成本就会减少。

（3）增加开源项目

公路既是公益性的公共产品，又是商品，除了提供“有限”的公益服务，还要深挖“无限”的市场服务，如提速后的高铁，服务更优，收费也相应提高。对于一些条件好的免费公路，可以进行改造，专门为载重量小、速度快的客车提供更优的快速安全服务，提

供不同种类的公路服务产品，满足公众不同的出行需求，为公路持续发展提供动力。还可以开发延伸服务产品，如服务区与当地人文、旅游景点、特色产品等相结合。

2. 利用科技治超，保障公路健康发展

制约公路健康发展的是超载现象。治理超载现象，除了从管理上下功夫，更需要利用科技手段。对于高速公路来讲，入口车辆驶过地磅，如果发现其超载，就会控制入口栏杆，禁止其进入高速，并利用声音、显示屏和手机信息等方式提示，同时将该车辆超载信息发送给管理系统，对超载车辆进行统计和管理。

国省干道等不是封闭道路，管理比较复杂，驾驶员为了减少营运成本或者因为超载，会选择这些道路，导致这些道路经常被压坏。为了避免这种现象，地方公路管理者尝试安装地磅，但这会导致道路拥堵和交通事故频发，如国道 320 线江西省进贤县至余江县之间安装了一套地磅检测装置，效果不明显。要解决这个问题，需要开发一套基于移动智能终端技术的智能公路管理系统，具体设计为：每辆车都安装带有智能芯片的移动智能终端设备，该芯片存有该车辆相关信息（如车的长、宽、高、载重量、载客数、车牌、联系人、联系电话、支付方式等），驾驶员出发前通过该智能设备向智能公路管理系统申报，提交本车本次载重量、途经地、终点；智能公路管理系统接收信息后，利用大数据，根据前期各条公路提供的道路等级、宽度、车道数、限载量、桥梁限载量、限速以及因道路封闭施工、天气或交通事故引起的临时交通管制等路况信息，智能提供建议行驶路线，确保经济、适宜、安全。

同时，公路也要配置适宜的信息交互、智能检测、提醒和控制设备，当车辆行驶到相应公路入口或者关键控制点（如限载桥梁前）时，通过入口高清摄像头以及车载芯片，马上探测并判断该车辆是否适合在该公路行驶，如果该车辆因超载或者其他原因不适合通行，立即以声、光、电等方式提醒，触发该车辆上的移动智能终端设备报警提示，用自动阻车器等设施限制该车辆进入，同时给该车辆联系人和智能公路管理系统发布提示信息。通过科技手段，实现治理超载的目的。

3. 科学规划分类通行，保障公路快捷和安全性

现有公路的使用率极不均衡。在使用率高的公路上，大量车流往往会导致出现交通事故和拥堵现象，影响公路的快捷和安全。为了保障高使用率公路的快捷和安全，除了传统方法（改、扩建增加通行车道、加强提前预警、快速处理交通事故、规范救援程序以及增强分流能力）外，还可以针对不同类型和速度的车辆提供不同的公路产品，正如铁路行业划分高铁和货运火车轨道，让吨位和速度相似的客车行驶在载重量小、造价较低的公路上，让货车行驶在载重量大、造价较高的公路上，这样既可以避免高速车辆在低速车辆中间不断超越行驶造成的危险，也可以提高两类车辆的行驶速度。

对于一些车流量较大的平行公路，改造费用不高，效果更明显，比单纯增加公路车道更具有经济性和安全性。

在江西省范围内，就有适宜改造的路段——沪昆高速公路梨温段。它是一条江西公路

大动脉，与之平行的是国道 320 线，这两条公路，一个收费、一个免费，车流量都大，交通事故频发，经常发生交通拥堵现象。而国道 320 线更是由于重载货车多，经常被压坏，许多桥梁被压成危桥，地方政府为了减少养护开支，经常以养护公路或者改造危桥的名义，采取长时间封闭或者限高的措施，禁止货车通行，故意延长施工期限，导致其基本不能正常使用。

例如国道 320 线上的余江大桥（K695+409 ~ K695+947），施工通告称其属于 4 类危桥，须进行拆除重建；虽然在该大桥右侧搭建了一座临时栈桥，但采取限高 3m 的措施，管制期限为 2021 年 7 月 1 日至 2023 年 12 月 31 日。而 2020 年 7 月，同样在国道 320 线余江区境内的刘家乙桥引道工程（K689+010 ~ K690+360），余江区政府决定对其进行封闭施工，封闭期限为 2020 年 7 月 25 日至 2021 年 4 月 30 日。这两个施工点相距 5km，在 3 年多时间里都将处于封闭施工状态，严重影响车辆通行，在国道 320 线全线 3695km 中，类似的危桥改造还有很多。国道 320 线交通繁忙，如果把它改造成封闭式专供客车行驶的收费公路，改造费用少，行驶亦安全、高效。

另一条江西公路大动脉是南昌市到九江市的高速公路（简称“昌九高速”），与之平行的省道为昌九大道，这两条公路，一个收费、一个免费，车流量也大，交通事故常有。昌九大道经常被重型货车压坏，养护费用高。如果让货车都走承载能力强的昌九高速，将昌九大道改造成封闭式专门服务客车的高速公路，有利于提升客车、货车的安全性和行驶速度。

4. 以创新为引领，实现公路出行服务智慧化

随着生活品质的不断提高，公众对出行服务的智慧化需求也在提升。在出行即服务的模式中，驾乘人员不仅是公路服务的享受者，也是交通数据的提供者和分享者，他们对公路出行的品质要求越来越高，既要求出行服务的个性化，还要求出行服务的智慧化。这就需要公路管理部门建立智慧化的出行服务新理念：出行者在出行前向公路管理者或者第三方服务商的出行服务智慧平台输入出行人数、车辆类型、规格、载重量、目的地、联系电话等数据，该智慧平台提供导航等提示信息；在行驶过程中，出行者可以不断从智慧公路中接收优化信息；当碰到特殊事件时，出行者能从该智慧平台得到及时的服务。该智慧平台必须以信息互通、资源共享为原则，创新综合交通指挥体系，将公路管理、交警、路政、救援、养护等业务深度融合，实现车辆可以选择路、路也可以智能辨识和控制车辆的行驶，让出行服务更智慧、更优化、效率更高。

交通强国不只是增里程，更要看服务水平、适应水平和保障水平的提升。面对公路发展的新形势，只有遵循公路发展的客观规律，依靠科技创新公路服务设施，提升现代管理理念，才能保障公路智慧、健康、可持续发展，才能不断满足公众出行服务需求，走出一条充满活力的公路发展之路。

三、提高公路的安全性和可靠性

绿色公路能耗监测可以及时发现公路建设和维护过程中的安全隐患和设备故障，提供技术支持和科学建议，提高公路的安全性和可靠性，保证公路运行的稳定性和安全性。具体地说，绿色公路能耗监测可以在以下方面发挥作用：

（一）监测设备性能

绿色公路建设和维护中涉及大量的设备和机械，如挖掘机、压路机、石料破碎机等。这些设备的正常运行对于公路建设和维护至关重要。绿色公路能耗监测不仅可以实时监测这些设备的耗能情况，并且可以通过对比设备的历史数据，及时发现设备的性能问题和故障。

1. 挖掘机的性能监测

挖掘机是公路建设和维护中不可或缺的设备之一，它通常用于土方开挖、填方和边坡整形等工作。为了保证挖掘机在工作中的高效性和安全性，需要对其性能进行监测。

（1）动力性能监测

挖掘机的动力性能包括发动机功率、油耗和运转稳定性等方面。监测这些性能可以确保挖掘机在工作中具有足够的动力输出和稳定的运转状态。具体监测指标包括发动机功率、燃油消耗、液压系统压力和油温等。

（2）能效性能监测

挖掘机的能效性能包括能源利用效率和工作效率等方面。能源利用效率主要体现在燃油消耗和发电机输出功率等方面。工作效率主要体现在挖掘机的挖掘深度、挖掘速度和装载效率等方面。通过对能效性能的监测，可以实现能源的节约和工作效率的提高。

（3）安全性能监测

挖掘机在工作中存在一定的安全隐患，例如翻车、滑坡和碰撞等问题。为了确保挖掘机的安全性，需要对其安全性能进行监测。具体监测指标包括挖掘机的稳定性、悬挂物的重量和工作环境的安全性等方面。

（4）维护性能监测

挖掘机的维护性能包括易损件的磨损情况、润滑系统的工作状态和机油的质量等方面。通过对维护性能的监测，可以提前发现设备故障和损坏，降低维修成本和减少停机时间。

对挖掘机的性能监测是公路建设和维护中重要的一环，可以确保挖掘机在工作中的高效性、安全性和维护性。

2. 压路机性能监测

压路机是公路建设和维护中必不可少的设备之一，主要用于压实路面材料，提高路面的密实度和稳定性。压路机的性能监测对于保证公路建设和维护质量、提高施工效率和降低成本都有至关重要的作用。以下是压路机性能监测的详细点：

（1）压路机的压路效率

通过监测压路机的工作速度、振动频率、振动幅度等参数，可以评估压路机的压路效率。良好的压路效率可以保证路面的密实度和平整度，从而提高路面的使用寿命和安全性。

（2）压路机的能耗

压路机在工作过程中需要消耗大量的能源，包括燃油、电力等。通过监测压路机的能耗情况，可以评估压路机的能源利用效率，发现能源浪费的问题，并采取相应措施进行调整和改进。

（3）压路机的工作状态

压路机在工作过程中需要保持稳定的工作状态，包括振动频率、振动幅度、行驶速度等。通过监测压路机的工作状态，可以及时发现问题并进行调整，以保证路面的质量和安全性。

（4）压路机的故障检测

压路机在长期使用过程中难免会出现故障，通过监测压路机的各项参数，可以及时发现故障，并对故障进行排查和修复，以保证压路机的正常运行和工作效率。

（5）压路机的维护保养

压路机需要进行定期维护和保养，以保证其正常工作和延长使用寿命。通过监测压路机的维护和保养情况，可以评估维护和保养的质量和效果，并采取相应措施进行改进。

压路机性能监测可以帮助公路建设和维护单位及时发现问题，提高工作效率和工作质量，降低维护成本和难度，从而为公路建设和维护提供有力的技术保障。

3. 石料破碎机的性能监测

石料破碎机通常用于将大块的石材和其他建筑材料分解成更小的碎石和沙子，以用于公路建设和维护。

（1）石料破碎机的基本结构和工作原理

石料破碎机通常由进料机、破碎机、出料机、传动系统、液压系统等部分组成。其中，进料机将原材料送入破碎机，破碎机将原材料进行破碎，然后出料机将破碎后的物料送出。

（2）石料破碎机的性能监测内容

动力性能监测。破碎机的动力性能是其能否正常运行和破碎原材料的关键。因此，需要对破碎机的发动机、传动系统和液压系统的性能进行监测，包括动力输出、油耗和运转稳定性等。同时，还需对破碎机的电控系统进行监测，确保其稳定可靠。

破碎性能监测。破碎性能是破碎机的核心性能，其破碎效率和破碎质量直接影响公路建设的质量和效率。因此，需要对破碎机的破碎能力、破碎效率和破碎质量进行监测。同时，还需对破碎机的磨损情况进行监测，及时更换磨损部件，保证破碎机的正常运行。

安全性能监测。破碎机在运行过程中存在安全隐患，如石材的飞溅、机器的抖动、高温等。因此，需要对破碎机的安全性能进行监测，确保其安全可靠。同时，还需对破碎机的防护设备进行监测，确保其正常运行，保护操作人员的安全。

维护性能监测。破碎机在长期使用过程中需要进行维护和保养，以保证其正常运行。因此，需要对破碎机的维护性能进行监测，包括易损件的检查和更换、润滑油的更换、电气设备的检查和维护等方面。

易损件的检查和更换：破碎机易损件包括破碎齿板、衬板、锤头、轴承等，需要定期检查和更换。通过对易损件的检查，可以及时发现破损和磨损，并及时更换，避免对破碎机的正常运行造成影响。

润滑油的更换：破碎机需要定期更换润滑油，以保证设备的润滑效果和使用寿命。通过监测润滑油的使用情况，可以及时更换润滑油，避免润滑油过期或污染，影响设备的正常运行。

电气设备的检查和维护：破碎机的电气设备包括电机、电控箱等，需要定期检查和维护。通过对电气设备的检查，可以及时发现电气故障，并及时维修和更换，避免对设备的正常运行造成影响。

维护性能监测可以帮助破碎机的用户及时发现设备的维护需求，并进行及时维护和保养，以提高破碎机的使用寿命和工作效率。同时，维护性能监测也可以降低设备维修成本，减少设备故障对公路建设和维护的影响。

（二）监测安全隐患

公路建设和维护中存在许多安全隐患，如道路病害、路基滑坡、路基沉降等。这些安全隐患不仅会影响公路的使用寿命，还会对行车安全造成威胁。绿色公路能耗监测可以实时监测公路的路面状况、地基沉降情况等，及时发现安全隐患并进行修复，提高公路的安全性和可靠性。

1. 公路路面常见病害及处理方法

造成公路病害的原因有很多，主要包括坑槽、沉陷、车辙、裂缝、桥面推移、水损坏、泛油等种类。

（1）公路路面常见病害

坑槽。坑槽发生的原因有多种，是指在行车荷载等外力作用下，路面骨料的脱落产生的局部深度大于 2.5cm，同时面积大于 0.1m^2 的损害。

沉陷。沉陷的人为方面是路基压实度不够，天然方面是地基土质不良，在这两种因素的综合作用下，导致道路产生不均匀的竖向变形，致使路面局部下沉。在公路技术状况评定标准中，大于 10mm 的路面局部下沉被称为沉陷。沉陷的危害在我们日常生活中是非常大的，会对交通安全产生很大的影响，甚至危及人身安全。因此，对沉陷必须及时进行处理。

车辙。车辙是由于在车辆的反复碾压下导致道路产生永久变形，随着时间的积累而逐渐定型。沥青混合料有一定的软性和蠕变的特性，由于行车荷载作用，沥青混合料的受力有可能超过弹性极限，然后发生变形，积累而成车辙。车辙主要表现为沥青面层压缩沉陷的同时出现侧向隆起。一般情况下车辙轮迹处深度大于 10cm。

桥面推移。桥面水泥混凝土的铺装层和沥青混凝土面层之间的摩擦力比较小，道路面在行车荷载力的不断作用下发生桥面的纵向位移，逐渐形成桥面推移。

裂缝。裂缝是道路路面最常见的病害之一，路面在荷载和温度应力作用影响下产生线性开裂，被称作路面裂缝。裂缝的种类很多，主要有块状裂缝、不规则裂缝、纵向裂缝、横向裂缝等。其中，纵向裂缝基本和行车方向平行；横向裂缝基本和行车方向垂直；块状裂缝是纵向和横向裂缝的交织组合，由裂缝的纹理把路面分割成近似方块的形状；不规则裂缝也是由不同纹理的裂缝的组合，它与块状裂缝的区别在于它的纹理的排列是无序的。

水损坏。公路从开始使用到产生损害期间，要经受长期雨水的拍打，久而久之，路面就变得暗淡，甚至变黑。在坑槽、车辙等损害的联合作用下，损害会不断扩大，出现面层松散、剥落、疏松等现象。松散集料表面很光，沥青膜脱落，这就是常说的水损坏现象。

泛油。沥青从沥青混凝土层的内部和下部向上移动，使表面有过多沥青积聚的现象称为泛油。在严重泛油路段，沥青面层表面发光发亮，摩擦系数和抗滑性能指标达不到行车要求时往往会造成交通事故。泛油成因主要有两种：第一，混合料组成设计不当。混合料中沥青用量过多或孔隙率过小，在车辆荷载作用下，多余的沥青由下部泛到路表形成泛油。第二，混合料拌合控制不严。细料含量过少，混合料比表面积较小，沥青用量较多，也易出现泛油。

（2）常见病害的处理方法

坑槽处理。首先用切割机把需要修补的范围按标准的几何形状切割并清除，一般表现为矩形状。然后看基层是否完好。若基层有损坏，将有损坏的基层挖除，把基层清扫干净后可以在坑的四周和边沿刷黏结沥青，填筑完后，用光轮压路机碾压密实。保证新旧路面衔接自然，减少对行车平整度的影响。

沉陷处理。首先标记好修补的范围，用切割机切开沉陷周围的沥青路面，然后进行水稳层修补施工。具体流程是：凿除病害层，清除废料，高压吹风机将修补界面吹净，重新添加级配料，整平碾压密实撒粘层油，分层填筑、分层压实，冷却至 50℃以下开放交通。

车辙处理。在车辙修补前，首先要对损害处进行详细调查，确定车辙损害程度，采取相应修补措施。车辙修补流程包括：安质部门进行交通维护，路面铣刨，喷洒乳化沥青，混合料拌和与运输，沥青混合料摊铺，沥青混合料碾压，恢复标线和交通等。

桥面推移治理。首先把桥面推移的位置去除；其次把水泥混凝土桥面凿毛，增加水泥混凝土和沥青混凝土之间的摩擦力；最后加铺沥青混凝土磨耗层。为保证沥青混合料质量符合要求，一定要控制好拌和质量，可以适当降低沥青和细集料含量，提高混合料中多角碎石颗粒的含量。遵守沥青路面施工技术规范，控制好摊铺、碾压温度，避免离析现象发生。

沥青路面裂缝处理。目前，沥青路面裂缝处置方法主要有：灌缝、贴缝和封缝等处治措施。其中灌缝是最常采取的措施。

为改善路面状况，灌缝处治后，往往再辅以罩面措施。裂缝维修以秋末深冬季节最佳，这时路面凝结慢，形成的新路面比较结实。贴缝主要应用在原路面基层和横断面比较好的情况，表面只是出现一些轻微的纵、横向裂缝，伴随裂缝处有较细微的扩展裂缝。封缝适用于原路面表面出现沥青老化引起的开裂或者透水现象。此种病害程度比较轻，直接在老路基上加盖新的沥青即可。

水损坏治理。水损坏来源于水，处理这种病害主要有两种方法：排和堵。设计时就应该考虑水损坏发生的可能性，路基除了必须有足够的强度和稳定性，还要有良好的排水性。施工时，要保证筑路材料的质量和路基、路面填筑厚度，这样才能防止水损坏发生。

预防泛油。预防泛油，必须合理设计混合料组成比例，避免沥青用量过多，精细施工，严格控制施工质量，投入使用后注意养护，防止雨水大量渗入。

对各类病害维修事先应有周密的计划，做好材料准备，保证工序间的衔接，对旧沥青路面的病害处理，当日开挖，应当日维修，并设置警示标志，以保证行车安全。修补面积应大于病害的实际面积，修补范围的轮廓应与路面中心平行或垂直，并在病害面积范围以外 15cm。修补面层时应采用刷油等措施，保证修补部分与原路面连接紧密。补强层施工前，原路面的所有病害如沉陷、坑槽等均应处理完，不应有新的病害发生。

2. 公路路基常见病害及防治措施

（1）常见路基病害及成因

路基沉陷。路基沉陷是指路基在垂直方向上产生较大的沉降，路基的不均匀下陷将造成局部路段的基层破坏，进而使路面破损，如水泥混凝土路面的断板、沥青混凝土路面的坑槽、龟裂等，降低路面行驶质量，影响行车安全，甚至中断交通。路基沉陷有两种情况：一是路基因填料选择不当，填筑方法不合理，压实不足，在荷载和水温综合作用下，堤身可能向下沉陷；二是由于路基下部天然地面承载能力不足，在路基自重的作用下引起沉陷即地基的沉陷，原路面为软弱土层，例如泥沼、流沙或垃圾堆积等，填筑时未经换土或压实不足造成承载力下降，发生侧面剪裂凸起地基发生下沉，引起路堤下陷。

边坡滑塌。路基边坡的滑塌是最常见的病害之一，根据边坡土质、破坏原因和规模不同可分为塌方和滑坡。塌方是由于土质边坡向下移动造成的，主要是由水损坏和施工不当引起的。滑坡使一部分土体在重力作用下沿某一滑动面滑动，主要是由于不良地质条件造成的破坏。岩（土）体的力学性质决定了边坡稳定性的丧失方式，如坚硬岩石边坡失稳以崩塌和结构面控制型失稳为主，而软弱岩石则以应力控制型失稳为主。岩（土）体的工程地质性能越好，边坡稳定性越高。

路基变形。深挖、高填、半填半挖或立交桥互通匝道填方往往会在通车一段时间后下沉。究其原因，一方面在于施工因素，如压实控制不好、分层过厚、施工措施不当以及含水量大等；另一方面在于材料因素，如最大干密度及最佳含水率有误、材料压缩系数过大、采用高塑性指数的黏性土等。出现此问题，会使路面变形、开裂或下陷。另外，随着经济的发展，大型超载、超限车辆增多，公路的设计承载能力不能满足其要求，导致路基变形。

（2）路基病害的防治措施

解决路基病害问题，必须从设计到施工严格按规范规定，因地制宜，做好相应的边坡防护和排水工作，结合上述常见病害，主要应做到以下几点：

路基设计要做好方案比选。在做具体的路基设计之前，全面收集沿线水文气象、地形、地质条件等详细资料并进行综合分析，根据测得的横断面和填挖高度进行设计方案的比选，确定设计方案以后再做详细设计，保证设计符合实际。以往做深堑高堤与其他建筑物比选时，常是片面地从节约工程投资出发，不计农业得失，忽视运营期深堑高堤给养护增加的困难。一般深路堑边坡过高，地层变化复杂，经暴露后往往发生崩塌、剥落、掉块，不能保持边坡长期稳定。高路堤稳定性差、沉落量大，道路长期难以稳定。所有这些都会造成路基病害或增加养护维修工作。所以在方案比选中不应只算土石方的多少，对路基可能出现的病害应有足够的估计，需做的防护工程也应一起计算。在经济价值相差不大时，宜采用建筑物方案，以少做深堑高堤为原则。总之，在做设计方案比选时，不能只考虑当时的造价，而要考虑施工方便、安全，避免路基病害，减少养护维修工作量并顾及农业的需要，全盘衡量，防止片面性。

严格按照路基施工要求进行施工：第一，路堤填筑前原地面处理。路基的施工质量是整个公路工程的关键，也是路基路面工程能否经受住时间、车辆运行荷载、雨季、冬季的考验的关键。要做好路基工程，必须扎扎实实地进行路基的填筑，尤其对原地面的处理和坡面基地的处理。第二，路堤填料。路堤填料一般应采用沙砾及塑性指数和含水量符合规范的土，不使用淤泥、沼泽土、冻土、有机土、含草皮土、生活垃圾及含腐殖质的土。第三，填土路基压实。路基施工时，应严格按现行《公路路基施工技术规范》要求进行。在路基填筑过程中，要控制好路基填土的含水量，使之达到最佳值，否则容易产生弹簧、翻浆，影响路基强度和稳定性，还会对路基的压实工作产生一定的影响，难以达到规范规定的压实度标准。对于含水量较大、天然稠度较小的黏质土作为路基填料的时候，可以通过翻晒、掺生石灰翻拌来改变路基填料性质，通过石灰的吸水作用达到固化路基的效果，并应通过试验路段来确定不同机具压实不同填料的最佳含水量、适宜的松铺厚度和相应的碾压遍数、最佳的机械配套和施工组织，还要由具有一定素质的施工队伍来具体施工。

做好边坡防护工作。路基边坡防护与加固应符合“因地制宜、就地取材、以防为主、防治结合、经久耐用、节省造价和造型美观”的原则。路基边坡防护与加固包括植物防护、工程防护、柔性支护与防护、综合防护等类型。

植物防护就是在边坡上种植草或植树，以减缓边坡上的水流速度，利用植物根系固着边坡表层土壤以减轻冲刷，从而达到保护边坡的作用。植物防护不仅可以美化公路环境，调节边坡湿温，起到固结和稳定边坡的作用，而且比较简单、经济。一般来说，防护工程应优先考虑植物防护，当然其土壤必须适宜于植物的生长，而且边坡较缓。在高速公路上，常用的植物防护有植草、铺草皮和植树等。

工程防护主要是针对不适宜植物生长的土质，填、挖方边坡或风化严重、节理发育的岩石路基边坡，以及碎（砾）石的挖方边坡等，采取工程防护措施即设置人工构造物防护。工程防护的类型有护面墙防护、干砌片石防护、浆砌片石防护、水泥混凝土预制块防护、锚杆防护、挡土墙以及土工合成材料防护等。

对于边坡破坏较严重的情况，如出现塌方滑坡以及可能出现失稳等，必须采取相应措施来确保边坡的稳定性（强度方面）和安全性（变形方面）。根据边坡的不良工程地质特征和滑坡加固治理与防护工程特色，主要选取适用性强、易于操作、工程负效应小的措施，如抗滑桩、锚杆（索）、挡土墙、削坡和灌浆等。

做好路基排水工作。水是影响路基稳定性和强度的一个重要因素，路基病害很多都是因水的侵蚀作用引起的。所以做好排水工作非常重要。

第一，地面排水。通常采用的地面排水设施是边沟、截水沟、排水沟、跌水沟、急流槽等。对路线两侧的灌溉沟渠重启系统布置，免去穿越路线的排灌涵洞，从而提高路基的工程质量。第二，路面排水。路面排水工作是整个排水工作的重点，其基本原则是将路面的水迅速排出路面，避免水分过多渗入路基，同时应注意排水不能冲刷路基边坡。路面排水主要有集中排水和分散排水两种方式。在一些地势比较平坦的地区一般采用分散排水的方法，通常是在路肩外侧设置路肩排水沟，提高路面排水效果。第三，地下排水。路基的地下排水也非常重要，通常地下排水的主要方法有暗沟、渗沟、渗井、排水沟等，多为渗透排水，主要材料可以选择砾石料、软式透水管等。

路基病害是公路安全运行的“大敌”，它时刻威胁公路交通的安全，所以我们要分析发生这些病害的原因，“对症下药”，采取相应治理措施，使我们的公路交通安全有保障。

（三）提高维修效率

绿色公路能耗监测可以及时发现公路设备的故障，提高维修效率。当设备出现故障时，绿色公路能耗监测可以及时向维修人员发出警报，减少故障处理的时间和成本。

1. 及时发现设备故障

能耗监测系统可以实时监测公路设备的运行状态和能耗情况，通过对数据的分析和比对可以发现设备故障等问题。一旦发现设备故障，维修人员可以迅速进行维修和保养，从而避免设备故障进一步恶化和影响公路建设进程。这样，不仅可以减少公路维修成本，还可以提高公路设备的使用寿命和可靠性。

2. 确保设备维修的有效性

能耗监测可以提高设备维修的有效性。维修人员可以通过能耗监测系统了解设备的运行状况和维修历史，从而更好地掌握设备的维修情况，对设备的维修工作进行及时和精确的判断，以提高维修效率和维修质量。

3. 优化设备维修方案

能耗监测可以为设备维修提供更好的数据支持，可以更加准确地确定设备维修的方案和措施。维修人员可以通过分析能耗数据和设备故障数据，确定维修方案和预测设备故障，从而提高维修的效率和准确性。

4. 促进设备维修的标准化

能耗监测可以促进设备维修的标准化，建立设备维修的标准流程和规范，可以提高维修效率和准确性，避免因维修人员技术水平不同而导致维修质量有差异，从而提高公路设备的可靠性和安全性。

绿色公路能耗监测对于公路建设和维护具有重要意义，可以提高能源利用效率，降低公路成本，还可以及时发现公路建设和维护过程中的安全隐患和设备故障，提高公路的安全性和可靠性。

四、促进公路建设的信息化和智能化

绿色公路能耗监测可以为公路建设提供更多的信息化和智能化手段，这是因为绿色公路能耗监测系统通过采集、处理、分析能源数据，可以实现对公路建设的智能化管理和决策支持，具体体现在以下方面：

（一）智能能源

绿色公路能耗监测系统可以通过对能源的实时监测和分析，根据能源使用状况和需求情况进行智能调度，实现能源的合理配置和利用。例如，在交通拥堵时段或者节假日等高峰期，系统可以自动调整能源使用模式，确保公路交通畅通和能源高效利用。具体来说，绿色公路的智能能源调度包括以下方面：

1. 能源实时监测

通过各种传感器和监测设备对公路能源进行实时监测，如电能、燃气、水能等，以获得能源使用情况的实时数据。

2. 能源分析和评估

通过对实时数据进行分析和评估，掌握能源使用的趋势和规律，制定能源调度策略。

3. 智能能源调度

根据能源监测和评估结果，通过智能控制技术对公路能源进行调度和控制，以提高能源利用效率和节约能源。

4. 能源设备维护和保养

通过能源监测系统的实时监测和预警功能，及时发现能源设备的故障和问题，保障能源设备的正常运行，延长其使用寿命。

5. 数据分析和优化

通过对实时数据进行分析和优化，不断调整能源调度策略，提高能源利用效率和节能效果。

绿色公路的智能能源调度可以有效地提高能源利用效率和节约能源，促进公路的可持续发展和智能化水平的提高。

（二）智能维护管理

绿色公路能耗监测系统可以通过对公路建设设备的运行状态和能耗情况进行实时监测和分析，提前发现设备故障和损坏，及时进行维修和保养，避免因设备故障导致交通堵塞和能源浪费。

1. 全过程信息化大数据集成，实现资源共享

建立以养护为中心，业主、设计、施工、检测等单位项目全过程的大数据集成平台，借助互联网云技术，开展信息化资源共享，进行全过程、全方位的养护信息监控。

大数据的集成包括建设期数据及养护期数据两大部分，建设期数据应从项目立项开始到竣工所有资料的数字化档案，包括立项资料、工程地质、设计方案、设计图纸、施工图纸、施工记录、建设材料、质监记录、检测数据、设施档案、养护建议、竣工资料及竣工图纸等内容，实现公路实体和数字化模型的模式，以计算机 CAD、BIM 等技术构建数字化模型，为后续公路养护应用提供全面的数据支撑。养护期数据是在确保数据真实性、可靠性、准确性的基础上，通过对公路建设期的数据分析，针对现有公路病害、养护过程、各工程部位如路基和路面检测、维护方案、过程、安全防护以及路域设施设备自动监测、路域环境、地质灾害等数据的决策分析，为公路管理者提供重要的决策依据，为后期的养护发展做决策，从而科学制订日常养护计划和养护工程计划。

2. BIM 技术嵌合养护

全生命的 BIM 技术为管理、养护各环节提供直观仿真智能服务。传统的养护决策数据分析偏理论推理，可视性不强，发现病害需查找很多相关资料，科学性不高，BIM 技术嵌合发展，实现公路技术状况计算、分析、评定。系统提供路基、路面、构造物及沿线设施模型数据单元分析，具有破损调查表、检测数量表的人机界面录入和批量数据导入功能，明细数据可以更新到按需求统计各类的损害调查表中，进行修正、复核、审查。

道路纬地 CAD、Car/I、道路科盟、鸿业等二维软件的成熟及普及，为 BIM 技术提供了前期数据平台，BIM 技术可以在大数据集成中公路设计资料创建公路组成部分的模型，依据公路建设规范将模型组装起来，并通过三维 GIS 平台展现，直接利用公路设计参数解析，通过公路设计资料的平纵设计参数或公路逐桩坐标对照表，计算公路各桩号位的准确三维坐标来而建立信息模型，同时可以实现数据和模型的实时关联，真实地反映桥梁的空间、路面及路基结构、防护结构及标识的桩号、版面和基础等参数信息。养护技术人员通过对道路、桥梁涵洞、基础设施的属性信息与 BIM 模型关联，实现节点可视性关联，通过点击模型，养护过程中的情况进行仿真可视，信息准确可行。

3. 提高模块化标准建设，发展人工智能养护

公路建设新材料、施工设备、制造装备发展迅速，设计、施工标准化、模式化程度高，对安全、环保智能提出更高的要求，养护材料的模块化制造将成为一种趋势。基于公路病害数据、路基路面检测数据，产品数字化设计模型的定制化、工厂化、自动化也成为发展目标，结合组件化生产、工序化拼装、3D 打印等技术的应用，智能养护将极大缩短

备料周期、降低养护成本。

发展 GPS 技术及人工机器人对路况进行巡查监测，实现无人化全路段养护技术。随着建设材料的标准化、模块化，养护施工方案的科学化、规范化、自动化控制技术更加成熟、可靠，施工机械装备更加先进、精准，发展自动化养护施工作业提高养护效益。基于公路大数据模型和人工智能、BIM 技术，在路面破损修复环节，甚至在桥梁隧道检测修缮等方面，都可以实现施工方案自动生成、施工材料定制生产、机械装备科学配置、施工区域安全防护、施工过程自动开展、施工环节无缝衔接、施工质量自动评定验收。以后养护工作将是以人工为辅，以机械化、自动化为主的新模式。

（三）智能决策支持

绿色公路能耗监测系统可以通过对公路建设能源使用情况和环境影响进行分析，提供数据支持和科学依据，为公路建设的决策和规划提供参考和指导。例如，系统可以根据能源使用情况，提供能源使用优化方案，为公路建设的能源节约提供技术支持。

智能决策支持系统是一种基于计算机技术和数据挖掘技术的信息系统，通过对公路建设和维护过程中的数据和信息进行分析和处理，提供科学的决策支持。绿色公路建设可以采用智能决策支持系统，对以下几个方面进行智能化决策支持。

1. 道路规划决策

道路规划是绿色公路建设中最重要的决策之一，直接影响公路的通行能力、安全性和经济效益。智能决策支持系统可以通过对道路规划数据和交通流量等信息的分析和处理，提供科学的道路规划方案。

2. 建设方式决策

绿色公路建设可以采用多种建设方式，如传统的土方挖填法、机械化施工法、预制化构件法等。智能决策支持系统可以通过对各种建设方式的优缺点进行分析和比较，提供最优的建设方式决策。

3. 材料选用决策

绿色公路建设需要选用大量的建筑材料，如水泥、沥青、碎石等。智能决策支持系统可以通过对各种材料的性能和价格等进行分析和比较，提供最优的材料选用决策。

4. 施工方案决策

绿色公路建设需要制定合理的施工方案，以保证公路的质量和安全性。智能决策支持系统可以通过对施工工艺、工期、施工质量等进行分析和模拟，提供最优的施工方案决策。

通过智能决策支持系统的应用，绿色公路建设可以更科学、高效、智能化，提高公路建设的质量和效益。

（四）智能服务支持

绿色公路能耗监测系统可以通过与其他服务系统的集成，为公路建设提供更多的智能化服务，例如，与智能交通系统集成，为车辆提供实时路况和交通状况信息，帮助车辆选择更加节能和高效的行驶路线；与智能物流系统集成，为物流企业提供实时物流信息和优化配送方案等。

1. 智能化路况信息服务

智能化路况信息服务是指利用传感器、卫星定位、数据分析等技术手段，对公路路况进行实时监测和分析，并通过互联网、移动端等多种方式将路况信息提供给公路用户。这种服务可以帮助用户更好地规划行程、避免拥堵，提高行驶效率。

绿色公路智能化路况信息服务的特征包括：第一，实时性强。通过实时监测和数据分析，及时提供路况信息，帮助公路用户规划行程。第二，全面性强。覆盖公路沿线所有路段，提供详尽的路况信息。第三，精准性高。通过精确的数据分析和模型预测，提供准确的路况信息，帮助用户更好地规划行程。第四，可定制性强。用户可以根据自己的需求和喜好，自由选择路况信息的形式和频率。

绿色公路智能化路况信息服务的实践案例包括：第一，加拿大“511 Alberta”项目。该项目是一个为加拿大阿尔伯塔省公路用户提供路况信息的智能化服务，通过网站、移动应用程序和电话系统等多种方式提供实时的公路交通信息和行车建议。第二，美国“Waze”项目。该项目是一款以社交网络为基础的智能化导航应用程序，可以为用户提供实时路况信息、道路施工信息和交通警报，帮助用户更好地规划行程。

2. 智能化公路服务区建设

智能化公路服务区建设是指利用信息技术和智能化手段，对公路服务区进行升级改造，提供更便捷、高效的服务。智能化公路服务区的特征包括：

（1）智能化管理

采用物联网、云计算等技术手段，对公路服务区的设施、设备进行智能化管理和监控，提高公路服务区的管理水平。

（2）个性化服务

提供个性化、定制化的服务，根据不同用户的需求和喜好，提供个性化的餐饮、住宿、购物、娱乐等服务，提高用户体验。

（3）智能交通

在公路服务区内设置智能交通设施，如智能停车场、智能公交车站等，提供更加便捷的交通服务。

（4）绿色环保

在公路服务区内推广绿色环保理念，采用环保材料和节能设备，减少能源消耗和污染排放。

（5）智慧旅游

在公路服务区内提供智慧旅游服务，如旅游信息查询、景点导览、语音导游等，方便游客了解周边景点和历史文化。

智能化公路服务区的建设需要运用先进的信息技术和智能化手段，涉及智能交通、智能物流、智能建筑等多个领域，需要政府、企业、科研机构等多方合作、共同推进。

第二节　绿色公路能耗监测的必要性

一、绿色公路的发展现状分析

随着环保理念的普及和社会对于绿色出行的重视，绿色公路建设在全球范围内逐渐得到推广和发展。

（一）中国绿色公路建设的现状

中国是全球绿色公路建设的重要参与者和推动者之一。在过去几年里，中国大力推进绿色公路建设，通过政策引导和资金投入，加速了绿色公路的建设步伐。截至 2021 年，全国绿色公路里程已经超过 10 万公里，其中一些项目已经成为中国绿色公路建设的代表，如青海湖环湖旅游公路、湖南张家界绿色公路等。

1. 政策法规支持

中国政府高度重视绿色公路建设，出台了一系列政策法规来支持绿色公路建设。例如，2016 年发布的《关于加快发展绿色交通的指导意见》提出，要推动绿色公路建设，加强能源管理和监测，提高能源利用效率，推广节能减排技术和设备，鼓励开发新能源和绿色交通。

2. 绿色公路建设的进展情况

目前，中国绿色公路建设已经取得了一定的进展。据统计，截至 2021 年底，全国共建成绿色公路 1.2 万公里，占全国公路总里程的 4.7%。其中，高速公路、国省干线公路和城市快速路占比较高，分别达到了 47.2%、23.3% 和 22.7%。同时，全国还有 3500 多个绿色公路服务区，为绿色公路的发展提供了强有力的支持。

3. 绿色公路建设的成果和影响

绿色公路建设取得的成果主要体现在以下几个方面：

（1）降低能耗和减少污染

绿色公路建设采用了多种绿色技术和设备，使公路的能耗和污染得到了有效控制和降低。

（2）提高交通运输效率、绿色公路建设采用了多种智能化和信息化技术，提高了公路运输的效率和安全性，同时降低了运输成本。

（3）促进地方经济发展

绿色公路建设为当地的经济发展提供了新的动力和机遇，加速了经济转型和升级，同时提高了当地居民的生活水平。

（二）绿色公路发展面临的挑战

虽然绿色公路建设在全球范围内得到了广泛推广和发展，但是其发展仍然面临一些挑战。以下是绿色公路建设面临的主要挑战：

1. 技术挑战

绿色公路建设需要应用先进的技术手段，例如新型材料、节能技术和智能化技术等，这需要相关技术研发的支持和投入，同时需要加强技术交流和合作。绿色公路建设面临的技术挑战包括：

（1）绿色材料和技术的研发

建设绿色公路需要大量的绿色材料和技术，包括可降解的道路材料、智能化的交通设施、低碳的公路建设技术等。因此，需要加强绿色材料和技术的研发，提高其性能和可靠性。

（2）绿色能源的应用、绿色公路建设需要大量的能源支撑，如电力、天然气、太阳能等。如何合理使用这些能源，提高能源的利用效率，是绿色公路建设面临的重要技术挑战。

（3）智能化技术的应用

绿色公路建设需要借助信息技术和智能化技术，提高公路运行的效率和安全性。如何将智能化技术应用于公路建设和运营中，是绿色公路建设面临的重要技术挑战。

（4）大数据分析和管理

绿色公路建设需要大量的数据支持，如公路运行数据、交通流量数据、能源消耗数据等。如何采集、分析和管理这些数据，提高公路运行的效率和安全性，是绿色公路建设面临的重要技术挑战。

2. 资金挑战

绿色公路建设需要大量的资金投入，包括在建设、维护和管理等方面的投入。这需要政府、企业和社会各方面共同合作，提供足够的资金保障。具体来说，资金挑战主要表现在以下几个方面：

（1）建设资金

绿色公路的建设需要大量的资金投入，包括道路、桥梁、隧道、设备、环保设施等方面的建设。而且，绿色公路的建设需要遵循生态、环保等多方面的要求，因此其建设成本相对较高。

（2）维护资金

绿色公路的维护需要长期的资金投入，包括路面修补、设备维修、环境清理等方面。由于绿色公路的生态要求较高，所以维护成本相对较高。

（3）管理资金

绿色公路的管理需要专业的管理团队和管理体系，包括公路运营、安全监测、信息化建设等方面。绿色公路的管理需要长期的资金投入，而且管理成本相对较高。

（4）融资困难

绿色公路建设属于基础设施领域，需要大量的资金投入。但是，由于绿色公路建设的长期性和高风险性，导致资金投入存在一定困难，融资难度较大。

（5）收益周期长

绿色公路建设具有长期性和后期收益的特点，投资回报周期长。这导致资金难以迅速回笼，增加投资风险。

3. 政策挑战

绿色公路建设需要有相关政策的支持和指导，例如财政支持政策、环保政策、能源政策等，这需要政府各部门和相关机构共同制定和出台相关政策。具体来说，政策挑战主要包括以下几个方面：

（1）缺乏财政支持政策

绿色公路建设需要大量资金的支持，然而目前缺乏相应的财政支持政策。政府需要加大对绿色公路建设的财政投入，鼓励社会资本参与公路建设。

（2）缺乏统一的环保政策

绿色公路建设需要保护生态环境，但是目前缺乏统一的环保政策。政府应该出台相关的环保政策，加强环保监管，提高公路建设和维护的环保水平。

（3）能源政策的不确定性

绿色公路建设需要大量的能源支持，但是能源政策的不确定性影响了绿色公路建设的进程。政府需要出台明确的能源政策，为绿色公路建设提供稳定的能源保障。

（4）政策的不连贯性

绿色公路建设涉及多个部门，政策的不连贯性会影响公路建设的进程。政府需要加强部门之间的协调，形成政策的协同效应，促进绿色公路建设的顺利实施。

（5）缺乏相关的法律法规

目前，绿色公路建设缺乏相关的法律法规，无法对公路建设和运营进行有效的规范和监管。政府需要出台相关的法律法规，规范绿色公路建设和运营行为，保障公路的安全和环保。

4. 社会挑战

绿色公路建设需要得到社会各方面的理解和支持，包括道路用户、居民、企业和公众等，同时需要加强宣传和教育，提高公众对绿色公路建设的认识和支持度。

（1）道路用户挑战

绿色公路建设会对道路用户的出行方式、时间和路线等方面产生影响，因此需要考虑如何减少对道路用户的影响，尤其是对道路通行能力的影响。同时，绿色公路建设应该注重用户体验，提高路况和服务质量，提升道路用户的满意度和忠诚度。

（2）居民挑战

绿色公路建设会对沿线居民的生活和环境产生影响，因此需要在建设过程中加强沟通和协调，妥善处理居民的合理诉求和利益关系，尤其是在土地征用、环境保护和补偿等方面做出妥善安排。

（3）企业挑战

绿色公路建设对沿线企业的经营和发展产生影响，因此需要在建设过程中积极与企业沟通，了解企业需求和意见，提供相关支持和服务，帮助企业顺利适应公路建设带来的变化，推动企业发展。

（4）公众挑战

绿色公路建设需要得到公众的认可和支持，因此需要在建设过程中加强公众宣传和教育，提高公众对绿色公路建设的认识和理解，增强公众参与绿色公路建设的积极性和主动性。同时，绿色公路建设还需要积极应对公众关注的问题和热点，建立公众反馈机制，及时回应公众关切和诉求。

5. 管理挑战

绿色公路建设需要建立完善的管理体系，包括规划管理、设计管理、建设管理、运营管理和维护管理等方面。这就需要建立健全管理机制和规范，提高公路建设和管理的效率和质量。

（1）管理体制不健全

绿色公路建设涉及多个部门和行业，管理体制需要协调配合。然而，目前管理体制不够完善，各个部门和行业之间存在协调不畅的问题，需要进一步完善相关管理机制和体制。

（2）缺乏统一标准

目前绿色公路建设缺乏统一的标准和规范，不同地区和项目采取的标准和规范不一致，缺乏可比性和通用性。需要建立统一的标准和规范，提高管理水平和效率。

（3）人才短缺

绿色公路建设需要具备相关技术和管理知识的人才，但当前相关领域的人才短缺。需要加大人才培养和引进力度，提高管理和技术水平。

（4）维护管理不足

绿色公路建设后期需要进行维护和管理，但目前维护管理工作不足，需要加强相关工作的规范化和制度化，提高维护管理水平和效率。

（5）市场化运作不足

目前绿色公路建设仍然以政府投资为主，市场化运作不足，缺乏良性市场竞争机制。需要加大市场化运作力度，吸引更多社会资本参与，促进公路建设和管理的市场化、专业化和标准化。

总体来说，绿色公路建设是一个长期、复杂的过程，需要政府、企业、社会各方面的支持和参与，才能够实现可持续发展和环境保护的目标。

二、绿色公路指标体系的构建

（一）指标体系

要判定公路的绿色性，需要建立各种属性条件下的影响因素（因子），即评价指标，对绿色公路进行全面的全生命周期的分析与评价。一般而言，产品的绿色度是指产品在整个生命周期内，通过资源属性、能源属性、环境属性和品质属性衡量产品的绿色度。而绿色交通作为一种公共性的产品，在生命周期的不同阶段对资源、能源的输入量和对环境的输出量是不同的，产生的环境影响也不同。据此，将绿色交通的评价指标在规划、设计、建设、运营与维护的整个生命周期内，按照构成属性的特点，构建相应的评价指标，从而建立绿色公路的评价指标体系。

1. 资源与能耗属性

公路的建设需要占用大量资源，主要包括土地资源、水资源（湿地）、林业及基本农田、各种建设所需的原材料等。同时，公路在建设阶段以及运营阶段需要消耗大量的能源，主要包括电能和石化能源，建议的指标体系如表 3-1 所示。

表 3-1　资源与能耗属性指标体系

指标类别	指标属性及取值范围	重点应用阶段
土地资源利用率 x_{11}	定量	施工阶段
水资源（湿地）利用率 x_{12}	定量	施工阶段
林业及基本农田利用率 x_{13}	定量	施工阶段
材料使用回收率 x_{14}	定量	施工阶段
电能消耗 x_{15}	定量	施工阶段
百公里车辆油耗 x_{16}	定量	运营阶段

2. 环境友好属性

公路建设及运营维护阶段，需要排放大量的污染物，会对生态系统产生影响，根据环境组成要素分为废水、废气、固体废弃物、噪声以及生态环境影响等，建议的指标体系如表 3-2 所示。

表 3-2　环境友好属性指标体系

指标类别	指标属性及取值范围	重点应用阶段
水污染防治水平 x_{21}	定量	规划、设计和运营阶段
废物和废渣处置率 x_{22}	定量	施工阶段
噪声污染控制 x_{23}	定量	施工、运营阶段
自然保护区等生态功能影响程度 x_{24}	定量	施工、运营阶段
水土流失恢复率 x_{25}	定量	施工、运营阶段
节能和环保设施工艺应用程度 x_{26}	定量	施工阶段
路面径流影响控制措施 x_{27}	定性（0，100）	运营阶段

3. 安全与健康属性

公路运营过程中，经常发生各种类型的交通事故，导致大量的人员伤亡。另外，在公路建设期间也会导致建设人员出现职业健康等问题，如隧道建设的尘肺病等。建立相应的安全管理体系，以及采取相应技术措施是保证公路运营安全和健康的重要保障，建议的指标体系如表 3-3 所示。

表 3-3　安全与健康属性指标体系

指标类别	指标属性及取值范围	重点应用阶段
事故率 x_{31}	定量	运营阶段
施工建设安全管理 x_{32}	定性 0	施工阶段
施工人员职业健康管理 x_{33}	定性 0	施工阶段
交通安全设施布置率 x_{34}	定量	运营阶段

4. 应对灾害属性

在建设和运营期间经常诱发各类地质灾害，如滑坡、泥石流等。通过对灾害进行防护和监控，将各类灾害导致的伤亡和事故降到最低，也是绿色公路的组成内容和属性要求，建议的指标体系如表 3-4 所示。

表 3-4　应对灾害属性指标体系

指标类别	指标属性及取值范围	重点应用阶段
灾害监控水平 x_{41}	定性（0，10）	建设、运营阶段
地质灾害防护率 x_{42}	定量	运营阶段
灾害应急应对管理水平 x_{43}	定性（0，10）	建设、运营阶段

5. 景观生态属性

从景观生态的角度来看，主要反映了公路的绿化水平，公路与地理条件的协调性和边坡防护等因素是绿色公路的重要组成要素。建议的指标体系如表 3-5 所示。

表 3-5　景观生态属性指标体系

指标类别	指标属性及取值范围	重点应用阶段
绿化水平 x_{51}	定量	建设、施工阶段
复垦率 x_{52}	定量	建设、施工阶段
边坡生态防护率 x_{53}	定量	建设、施工阶段

6. 公路通行能力和应急管理属性

公路的主要功能是提供出行要求，出行是否能够满足运行的相关参数也是衡量绿色公路的条件。例如在交通量大量增加情况下，往往通行能力降低，运行速度下降，势必增加车辆的空气污染，从而达不到公路产品的技术参数。另外，公路产品在使用过程中也会发生各类突发事件，对突发事件的应对能力也是衡量公路运营质量的重要指标，建议的指标体系如表 3-6 所示。

表 3-6　公路通行能力和应急管理属性指标体系

指标类别	指标属性及取值范围	重点应用阶段
通行能力 x_{61}	定量	运营阶段
平均运行速度 x_{62}	定量	运营阶段
突发事件应对能力 x_{63}	定量	运营阶段

续表

指标类别	指标属性及取值范围	重点应用阶段
公路百公里维修率 x_{64}	定量	运营阶段
救援设施布置率 x_{65}	定量	运营阶段

（二）权重

权重是各种因素对绿色公路影响程度的反映。合理、科学地确定权重对于绿色公路的评价具有重要意义。另外，在全生命周期内绿色公路从规划设计、建设到运营维护的各个阶段，反映公路绿色程度各种因素的权重也会发生改变。比如建设阶段内空气污染指数与运营阶段空气污染指数的权重不同。关于权重的确定有许多的理论和方法，如专家调查法、层次分析法和云模型等。这些方法各有利弊。由于篇幅所限，权重问题将另文讨论。

（三）绿色公路评价指数法

绿色公路作为一种特殊的产品，也是一个复杂的系统工程，从规划设计、建设施工到运营维护各个阶段，各个因素之间都存在相互作用，且评估因素在不同阶段呈现不同度量值，具有大量的不确定性。

绿色公路评价指标存在一些难以定量计算的定性指标，不能直接用于比较，为了方便计算与描述，将定性指标采用归一的方法定量化，采用无量纲化处理。

1. 绿色公路指数计算

在进行绿色公路分析和评价时，发现绿色公路是由六大属性组成的，每一个属性又由相应的因素（因子）构成。因此，绿色公路指数的计算，首先将定性的因素量化，然后根据每一个因素的取值范围，对各种属性条件下的因素进行归一化处理。在此基础上，根据每一个因素（因子）的权重，计算相应属性的指数。

2. 绿色度分级

为了反映公路的绿色程度，在取值范围内，按照绿色由浅入深的变化，将绿色度划分为以下四个等级：

（1）一级

绿色公路质量目标完全实现，绿色公路与社会环境、生态环境非常协调，环境友好程度非常高。

（2）二级

绿色公路质量目标大部分实现，绿色公路与社会环境、生态环境协调较好，环境友好程度较高。

（3）三级

绿色公路质量目标部分实现，绿色公路与社会环境、生态环境基本协调，环境友好程度一般。

（4）四级

绿色公路质量目标小部分实现，绿色公路与社会环境、生态环境不协调，生态环境受到一定程度的破坏，环境友好程度较差。绿色度分级与计算指数间的关系如表 3-7 所示。

表 3-7 绿色公路分级

绿色等级	一级	二级	三级	四级
指数值	0.80 ~ 1.0	0.60 ~ 0.80	0.30 ~ 0.60	0.0 ~ 0.30
绿色度	墨绿色	墨绿色	中绿色	浅绿色
环境友好程度	非常好	较好	一般	较差
绿色公路分级	4A	3A	2A	1A

3. 绿色公路分级

按照计算的绿色度等级表，可以将公路按照绿色度的大小分为四个等级，即 1A 级绿色公路、2A 级绿色公路、3A 级绿色公路和 4A 级绿色公路，具体如表 3-7 所示。

传统的绿色产品是以环境友好作为特征的，由于不同产品与环境友好的程度具有差异，同时体现以人为本的可持续发展理念，需要对绿色产品的内涵进行扩充和发展。通过对绿色交通内涵的解释，扩充和丰富了绿色公路的属性，使得绿色公路的含义更加广泛，从而体现了以人为本和可持续发展的思想。为了反映绿色程度，提出了便于量化的综合指数——绿色度。该指标不仅反映了公路与环境的友好程度，而且包括资源、能源利用程度，安全健康程度，景观生态要求以及公路运行质量和应急管理水平等。绿色产品的“绿色度”体现在产品的生命周期全过程中，而不是产品的某一局部或某一阶段。严格来讲，绿色产品绿色度有狭义和广义之分。狭义的产品绿色度是指产品对环境的友好程度，广义的绿色度综合反映了产品的绿色性、经济性和技术先进性等。

三、绿色公路能耗监测的内容

绿色公路能耗监测是指对绿色公路系统中能源的消耗进行实时监测、分析和评估，以便提高能源使用效率，提高公路系统的能源利用率和运行效率。能耗监测可以通过对公路系统中的各种设备和工艺流程的数据进行采集、处理和分析，获取实时的能耗信息，从而为运营决策和能源管理优化提供支持。通过能耗监测，可以减少公路系统的能源浪费，降低公路建设和运营成本，也能够提高公路系统的安全性和环境友好性。具体来说，绿色公路能耗监测的内容包括以下几个方面：

（一）能源消耗量监测

能源消耗量监测是绿色公路能耗监测的基本内容之一，主要包括各种能源的消耗量监测，如燃油、电力、天然气等。通过对能源消耗量的监测，可以及时发现能源消耗的异常情况，以便及时采取措施进行调整和优化。

（二）能源消耗结构监测

能源消耗结构监测是指对能源消耗在公路建设、运营和维护中的分布情况进行监测和分析。通过对能源消耗结构的监测，可以分析不同环节的能源消耗情况，并对公路建设、运营和维护中的能源消耗进行合理分配，从而实现公路能源消耗的最优化。

（三）能源利用效率监测

能源利用效率监测是指对公路建设、运营和维护中的能源利用效率进行监测和评估。通过对能源利用效率的监测，可以评估公路能源利用效率，并采取相应措施优化能源利用效率。

（四）能源管理监测

能源管理监测是指对公路能源管理工作的监测和评估。通过对能源管理工作的监测，可以发现能源管理中存在的问题，并对能源管理工作进行调整和改进，提高能源管理水平。

（五）能源效益监测

能源效益监测是指对公路建设、运营和维护中的能源效益进行监测和评估。通过对能源效益的监测，可以评估公路能源利用效益，并采取相应措施优化能源效益。

总之，绿色公路能耗监测的内容涉及能源的消耗、结构、利用效率、管理和效益等方面，目的是实现公路能源的最优化利用，降低能源消耗和环境污染，提高公路的绿色化程度。

第四章　绿色公路能耗统计监测平台的技术

第一节　技术原理和方法

绿色公路能耗统计监测平台的技术原理涉及多个领域的知识，其理论基础主要包括以下几个方面。

一、环境监测学

绿色公路能耗统计监测平台需要通过传感器和监测设备实时采集公路的各项指标数据，环境监测学是绿色公路能耗统计监测平台的重要组成部分，它研究如何采集、处理和分析环境数据，并将其应用于环境管理中。

（一）环境监测学的研究内容

环境监测学是一门研究环境介质（如大气、水、土壤等）污染状况及其影响的学科，它涉及环境介质中的各种化学物质、生物物质以及物理参数的检测、分析、评价和监测。环境监测学在环境保护和资源管理方面具有重要作用，其研究内容主要包括以下几个方面：

1. 环境监测技术

环境监测技术是环境监测学的基础，其目的是通过各种监测方法和技术手段，对环境介质中的各种物质和参数进行检测、分析和评价，以了解环境状况并提供科学依据。环境监测技术包括现场监测、实验室分析、遥感技术等多种技术手段。

2. 环境质量评价

环境质量评价是指对环境介质的质量进行综合评价，旨在了解环境污染的严重程度和影响范围。环境质量评价包括环境风险评估、生态系统健康评价、环境质量评价等多个方面。

3. 环境污染源监测

环境污染源监测是对污染源的排放情况和排放浓度进行监测和分析，旨在掌握污染源的污染物种类、浓度和排放量等信息，以便采取控制和治理措施。

4. 环境监测数据处理和分析

环境监测数据处理和分析是环境监测学的重要环节，其目的是从大量的监测数据中提取有用的信息，以便对环境状况进行评价和预测。常用的数据处理和分析方法包括统计分析、地理信息系统（GIS）、人工神经网络等。

5. 环境监测管理

环境监测管理是环境监测学的重要组成部分，其目的是对环境监测工作进行规划、组织、指导和控制，以确保监测工作的质量和效益。环境监测管理包括监测规划、质量控制、监测站建设、人员培训等方面。

6. 环境监测法律法规

环境监测是指通过实验室分析、现场监测、遥感探测等手段，对环境中的污染物浓度、分布、来源及对生态系统、人体健康的影响等进行监测和评价的过程。在环境监测中，法律法规起到了重要的作用，是保障环境监测质量和环境保护的重要法律依据。

（1）环境监测法律法规的概述

环境监测法律法规是指国家、地方政府颁布的规定环境监测要求的法律法规文件，包括环境保护法、环境监测条例、环境影响评价法、大气污染防治法、水污染防治法等。这些法规规定了环境监测的目的、范围、方法、程序、标准和责任等内容，为环境监测提供了法律保障和规范。

（2）环境监测法律法规的主要内容

①环境保护法。环境保护法是环境保护的基本法律，规定了环境保护的原则、目的、职责、监督、处罚等方面的内容。其中，第三十三条规定了环境监测的基本要求和内容，包括对环境中的物质、能量和噪声等进行监测，对环境质量进行评价和预测，并向社会公布环境监测信息。

②环境监测条例。环境监测条例是对环境保护法的具体实施细则，规定了环境监测的基本要求、方法和程序，包括监测的目标、内容、对象、方法、机构和结果的处理等内容。

③环境影响评价法。环境影响评价法是为了防止和减少环境污染和生态破坏，保护人民群众的健康和利益，规定了对环境影响进行评价的程序、内容和标准等方面的内容。

④大气污染防治法。大气污染防治法是为了预防和控制大气污染，保护和改善环境质量，保护人民群众的身体健康和生存环境。该法规主要包括以下内容：第一，大气污染物排放标准。规定了各类大气污染物的排放标准，对排放超标的单位或个人进行处罚。第二，大气污染物监测和评估。规定了对大气污染物进行监测和评估的要求，对不符合要求的单位或个人进行处罚。第三，大气污染防治措施。规定了各类大气污染防治措施，包括工业和交通源的污染防治、城市空气质量管理、应急预案等。第四，责任和处罚。规定了单位和个人在大气污染防治中的责任和处罚，包括罚款、停产整顿、吊销执照等。

大气污染防治法的实施，对于保护大气环境、改善生态环境，保护人民身体健康和社会稳定具有重要意义。

（二）环境监测学的研究方法

环境监测学是研究环境质量的评价、监测、预测、修复和管理的学科，涉及大气、水体、土壤、噪声等多个环境因素。环境监测学的研究方法主要包括野外采样、现场监测、遥感技术和数据分析等方面。

1. 野外采样

野外采样是环境监测学的一种基础方法，通过采集环境介质的样品，对环境中的污染物进行定性、定量分析。野外采样通常涉及水、大气和土壤等环境介质。

（1）水样采集

水样采集是对水体环境质量进行监测的重要方法。野外水样采集通常包括河流、湖泊、海洋等水体。采集时需要注意选择样品点位、采样容器、采样时间等问题。

（2）大气样本采集

大气样本采集是对大气环境质量进行监测的重要方法。通常采用大气采样器和采样管道进行采样。大气采样器能够采集大气中的各种污染物，采样管道能够采集大气中的颗粒物和气态污染物。

（3）土壤样本采集

土壤样本采集是对土壤环境质量进行监测的重要方法。通常采用手动钻探、机械钻探、潜孔等方式进行采样。采样时需要注意选择样品点位、采样深度、采样容器等问题。

2. 现场监测

现场监测是指在监测点位进行的对环境参数的实时监测。现场监测可以实时反映环境参数的变化情况，能够帮助监测人员快速掌握环境质量状况。

（1）大气环境现场监测

大气环境现场监测通常采用在线监测设备，通过监测设备实时采集环境参数，如空气中的污染物浓度、风速、风向等参数。

（2）水环境现场监测

水环境现场监测通常采用在线监测设备和现场测试仪器，通过在线监测设备实时采集水体中的参数，如 pH、溶解氧、浊度、电导率等参数；通过现场测试仪器进行采样和测试，如水样采集器、水样分析仪等。

（3）土壤环境现场监测

土壤环境现场监测通常采用现场测试仪器，如土壤采样器、土壤 pH 计、土壤含水率仪等，通过对土壤样品的采集和测试，得到土壤环境参数的实时数据。

现场监测需要监测人员到监测点位进行采样和测试，比较烦琐和耗时，但能够实时反映环境参数的变化情况，具有较高的可靠性和准确性。

3. 遥感技术

遥感技术是指利用航空、卫星等远距离手段获取地球表面及其大气、水体等参数的技术。遥感技术具有广阔的视野和高效的数据获取能力，可以在大范围内获取环境参数的数据。

（1）大气环境遥感监测

大气环境遥感监测主要利用卫星上的遥感设备进行监测，通过卫星获取的数据，可以获取大气污染物的分布、浓度等信息。

（2）水环境遥感监测

水环境遥感监测主要利用卫星上的遥感设备进行监测，通过卫星获取的数据，可以获取水体中的水质参数、水体面积、水深等信息。

（3）土壤环境遥感监测

土壤环境遥感监测主要利用卫星上的遥感设备进行监测，通过卫星获取的数据，可以获取土壤质量、植被覆盖情况等信息。

遥感技术具有数据获取范围广、获取效率高等优势，但数据精度受遥感设备和采样频率等因素影响，需要进行后续处理和校正。

4. 数据分析

数据分析是指对采集到的环境数据进行分析和处理，从而得到有价值的信息和结论。数据分析可以根据不同的环境问题和数据特征，采用不同的分析方法和工具。

（1）大气环境数据分析

大气环境数据分析通常采用空气质量指数、污染物浓度、风向风速等指标进行分析，通过时间序列分析、趋势分析等方法，可以得到大气污染的时空分布规律。

（2）水环境数据分析

水环境数据分析可以采用水质、水文学、富营养化等指标进行分析，通过比较不同采样点位的水质指标和水文学指标的差异，得出水环境质量的变化情况，通过富营养化指标分析，得出水体富营养化的程度和变化趋势。

（3）土壤环境数据分析

土壤环境数据分析通常采用土壤质量、土壤养分、重金属污染等指标进行分析，通过比较不同采样点位的土壤指标的差异，得出土壤环境质量的变化情况。

（4）遥感数据分析

遥感技术可以获取大面积、高分辨率的环境数据，可以对土地利用、植被覆盖、水体分布等环境参数进行分析。通过遥感数据分析，可以得出环境质量变化的趋势和规律，为环境保护提供重要的参考信息。

（三）环境监测学在绿色公路能耗统计监测中的应用

绿色公路能耗统计监测是一个涉及多个环境介质和复杂的系统工程，需要对公路的能耗和环境参数进行全方位的监测和评价，从而为能源管理和环境保护提供科学依据。环境监测学在绿色公路能耗统计监测中的应用主要包括以下方面：

1. 监测环境介质的污染物

利用环境监测技术对公路附近的大气、水、土壤等环境介质的污染物进行监测和分析，包括 $PM_{2.5}$、CO、NO_x、SO_2 等大气污染物，COD、BOD、NH_3-N 等水体污染物，以及重金属、有机物等土壤污染物。通过对环境污染物的监测和分析，能够及时发现公路运营对环境的影响，提出相关的环境保护措施。

2. 监测环境参数

利用环境监测技术对公路附近的环境参数进行监测和分析，包括气温、湿度、风速、风向、光照强度、降水量等环境参数。通过对环境参数的监测和分析，能够及时发现环境参数的变化和趋势，为公路运营和能源管理提供科学依据。

3. 评价环境影响

利用环境监测技术对公路运营的环境影响进行监测和评价，包括生态环境影响、大气污染影响、水体污染影响等。通过对环境影响的评价，能够及时发现公路运营对环境的负面影响，并提出相关的环境保护措施。

4. 环境保护管理

利用环境监测技术对公路运营的环境保护管理进行监测和评价，包括环境保护措施的实施情况、环境保护设施的使用情况等。通过对环境保护管理的监测和评价，能够及时发现环境保护管理方面的问题，并提出相应的改进措施。

总之，通过环境监测学在绿色公路能耗统计监测中的应用，能够全面了解公路运营对环境的影响，为能源管理和环境保护提供科学依据。

二、能源管理学

能源管理学是一门研究能源的综合管理学科，其主要研究内容包括能源的采购、转换、利用、节约等。绿色公路能耗统计监测平台通过对公路设施和设备的能耗进行监测和管理，也是能源管理学的一种具体应用。能源管理学的主要研究内容包括以下几个方面：

（一）能源需求预测和分析

能源需求预测和分析是能源管理学的核心内容之一，通过对社会、经济和技术等因素的影响进行分析和预测，能更好地规划和管理能源的供需平衡，确保能源的可持续发展。能源需求预测和分析的主要内容包括以下几个方面：

1. 宏观经济因素分析

宏观经济因素是影响能源需求的重要因素之一，包括国民经济增长、人口增长、城市化水平、产业结构和能源价格等。通过对这些因素进行分析，可以预测未来能源需求的总量和结构。

2. 能源消费行业分析

能源消费行业是能源需求的主要来源，包括工业、交通、建筑、农业等。通过对这些行业的消费趋势和发展状况进行分析，可以预测未来能源需求的结构和变化。

3. 技术进步影响分析

技术进步对能源需求的影响也十分重要，包括新能源技术的应用、节能技术的推广等。通过对技术进步进行分析，可以预测未来能源需求的结构和变化，以及制定相应的能源政策和提供技术支持。

4. 政策环境分析

政策环境对能源需求的影响也很大，包括能源政策、环保政策、能源安全政策等。通过对政策环境进行分析，可以预测未来能源需求的结构和变化，以及制定相应的能源政策和措施。

5. 能源需求预测模型建立

能源需求预测模型是预测未来能源需求的重要工具，包括时间序列模型、回归模型、神经网络模型等。通过建立合适的模型，可以更加准确地预测未来能源需求的趋势和变化。

总之，能源需求预测和分析是能源管理学中非常重要的一部分，它可以帮助决策者了解未来能源需求的趋势和变化，制定相应的能源政策和规划，以实现能源的有效利用和节约。

（二）能源采购和供应管理

能源采购和供应管理是指对能源的采购、储备、运输、分配、销售等环节进行管理和控制，确保能源的安全供应和价格稳定。通过合理的能源采购策略和供应链管理，可以降低能源采购成本，提高能源利用效率。

1. 能源采购

能源采购是指企业或组织从能源市场上购买能源的活动。能源采购的目的是满足企业或组织的能源需求，同时尽可能降低能源成本。能源采购的内容包括能源类型的选择、采购合同的签订、价格谈判和交货等方面。

2. 能源供应管理

能源供应管理是指企业或组织对能源供应进行的管理和控制活动，主要包括能源储备、能源运输、能源分配和能源销售等方面。

3. 能源供应管理的优势

能源供应管理的优势主要体现在以下几个方面：第一，提高能源利用效率。通过能源供应管理，能够对能源的采购、转换、利用等进行管理和控制，从而提高能源利用效率，实现节能减排的目的。第二，降低能源成本。通过合理的采购、运输和分配等措施，能够降低能源成本，提高企业的经济效益。第三，保障能源供应安全。通过储备、运输等措施，能够保障能源供应的安全性和可靠性，降低企业的生产风险。第四，促进能源创新和技术进步。通过能源供应管理，能够促进能源创新和技术进步，推动能源结构调整，实现可持续发展。

（三）能源转换技术

能源转换技术研究是指对能源的转换过程进行研究和开发，以提高能源的利用效率和环保性。它包括对传统化石能源和可再生能源的研究，以及新能源技术的研发和应用。

1. 化石能源的转换技术

化石能源是目前全球最主要的能源来源之一，包括石油、煤炭和天然气。化石能源的转换技术主要包括以下几个方面：第一，化石能源的开采和生产技术。化石能源的开采和生产是将地下储层中的化石能源提取到地面并加工成可用能源的过程。这一过程涉及多个技术领域，如地质勘探、采矿、炼油等。第二，化石能源的燃烧技术。化石能源的燃烧是将其转化为热能的过程，这是化石能源最常见的利用方式。燃烧技术的发展主要涉及燃料的燃烧效率、燃烧排放和热能利用等方面。第三，化石能源的转化技术。化石能源的转化技术主要包括煤气化、液化和加氢等过程，将煤炭、石油等化石能源转化为可用的燃气、液态燃料和化工原料。

2. 可再生能源的转换技术

可再生能源是指天然界能够源源不断地提供的能源，包括太阳能、风能、水能等。可再生能源的转换技术主要包括以下几个方面：第一，太阳能的转换技术。太阳能的转换技术主要包括光伏发电和太阳能热利用两种方式。光伏发电是将太阳能转化为直流电能的过程，太阳能热利用则是将太阳能转化为热能的过程。第二，风能的转换技术。风能的转换技术主要是利用风能发电，通过风轮机将风能转化为机械能，再通过发电机将机械能转化为电能。第三，水能的转换技术。水能的转换技术主要包括水力发电和潮汐能发电两种方式。水力发电利用水流转动水轮机产生机械能，再通过发电机将机械能转化为电能；潮汐能发电则是利用潮汐涌动的水流驱动涡轮发电机，将潮汐能转化为电能。第四，生物质能的转换技术。生物质能的转换技术主要是利用生物质（如木材、秸秆等）进行热能或化学能的转换。生物质燃烧发电是其中一种常见的转换方式。第五，地热能的转换技术。地热能的转换技术主要是利用地热能进行热能转化，如利用地热水进行发电、供热等。第六，氢能的转换技术。氢能的转换技术主要是利用电能将水分解成氢气和氧气，再将氢气转化为热能或电能。

这些可再生能源的转换技术都有特定的优势和适用范围，需要根据实际情况进行选择和应用。同时，可再生能源的转换技术也需要不断改进和创新，以提高能源的利用效率和环保性。

（四）能源利用效率评估和节能技术

能源利用效率评估和节能技术研究是能源管理学的重要内容之一，通过对能源的利用效率进行评估和分析，找出能源利用的瓶颈和优化空间，同时研发和应用新的节能技术，提高能源利用效率和降低能源消耗。

1. 绿色公路能源利用效率评估

绿色公路能源利用效率评估是指对公路能源利用效率的评估和分析。其主要目的是评估公路能源的利用效率，并提出相应的优化措施，以实现公路能源的高效利用和节能减排。

（1）评估指标

绿色公路能源利用效率评估指标主要包括能源消耗总量、单位里程能耗、单位运输量能耗等。

（2）评估方法

绿色公路能源利用效率评估方法主要包括能源统计方法、回归分析法、因子分析法等。

（3）评估结果

通过绿色公路能源利用效率评估，可以得到公路能源利用效率各指标的值和变化趋势，进而确定公路能源利用的优化方向和目标。

2. 绿色公路节能技术

绿色公路节能技术是指通过技术手段和管理措施，减少公路能源消耗，实现公路能源的高效利用和节能减排。

（1）智能交通系统

智能交通系统是指通过信息技术和智能化技术，提高公路运输效率，减少能源消耗。智能交通系统包括交通信息采集与处理、路况监测与预警、智能调度管理等方面。

（2）节能照明技术

节能照明技术是指通过采用高效节能照明设备和智能化照明控制系统，减少公路照明能耗。节能照明技术包括 LED 照明、太阳能照明、光电传感器控制等方面。

（3）节能路面技术

节能路面技术是指通过优化公路路面材料和结构设计，减少公路摩擦阻力和能源消耗。节能路面技术包括优化路面材料、降低路面摩擦系数等方面。

3. 公路能源管理

公路能源管理是指通过管理手段，减少公路能源消耗，实现公路能源的高效利用和节能减排。公路能源管理包括能源计量管理、能源监测与分析、能源规划与设计、能源标准化和能源管理制度等方面。

（1）能源计量管理

能源计量管理是指通过对能源消耗进行计量和分析，掌握公路能耗状况和能耗结构，为节能减排和能源管理提供依据。公路能源计量管理包括能源消耗计量、数据采集、能源计量系统建设和运营等方面。

（2）能源监测与分析

能源监测与分析是指对公路能源消耗进行实时监测和数据分析，掌握公路能源的使用情况，提高公路能源的利用效率。能源监测与分析包括数据采集、数据处理和数据分析等方面。

（3）能源规划与设计

能源规划与设计是指在公路建设和运营过程中，采取科学的能源规划和设计，合理分配和利用公路能源资源。能源规划与设计包括能源评价、能源规划、能源设计和能源管理等方面。

三、信息技术学

绿色公路能耗统计监测平台依托信息技术的发展，通过物联网、大数据分析、云计算、人工智能等技术手段实现对公路能耗的监测和管理。信息技术学则是研究如何利用计算机和通信技术来处理、存储和传输信息的学科领域。

（一）定义

信息技术学是研究信息的获取、处理、存储、传输和利用等方面的技术和方法，主要包括计算机科学、通信技术、信息安全、数据库管理、人工智能等多个领域，是当今社会信息化程度不断提高的重要基础。

（二）发展历程

信息技术学的发展可以追溯到计算机技术的发展，随着计算机技术的不断进步，信息技术的应用范围不断扩大。20世纪60年代初，IBM公司推出了第一台商用计算机，这标志着计算机技术开始走向商业化。20世纪80年代初，计算机技术得到了广泛的应用，电子邮件、互联网和Web等技术开始出现。随着计算机技术的不断发展，信息技术的应用范围不断扩大，已经成为现代社会发展的重要动力之一。

（三）主要领域

信息技术学主要包括以下几个领域：

1. 计算机科学

研究计算机的硬件和软件系统，涉及计算机体系结构、操作系统、数据库、网络等方面。

2. 通信技术

研究信息传输和通信技术，包括移动通信、卫星通信、光纤通信等。

3. 信息安全

研究保护信息系统、网络、计算机等信息设备不被非法入侵、破坏、篡改等。

4. 数据库管理

研究数据库的设计、实现、维护和管理，包括数据建模、数据存储、数据查询等方面。

5. 人工智能

研究机器学习、自然语言处理、计算机视觉等技术，用于实现人工智能的发展。

（四）重要技术

信息技术学的发展离不开以下重要技术的支持：第一，计算机网络技术：包括局域网、广域网、互联网等，实现了计算机之间的数据传输和信息共享；第二，云计算技术：基于互联网的分布式计算技术，能够将大量的数据存储、处理和分析任务分配到多个计算节点进行处理，从而提高计算效率和降低成本；第三，物联网技术：将各种物理设备和传感器连接到互联网上，实现设备之间的数据交互和控制，从而实现智能化的管理和控制；第四，大数据分析技术：通过对大量数据的分析和处理，挖掘数据背后的价值和信息，从而支持决策和管理；第五，人工智能技术：包括机器学习、自然语言处理、计算机视觉等技术，能够实现数据的自动分析和处理，从而提高数据分析和管理的效率；第六，移动应用技术：通过移动应用程序，将数据传输到移动设备上，实现随时随地的数据访问和监测，提高数据的实时性和可访问性。

这些技术的应用和不断发展，为信息技术学的发展提供了强有力的支持，也为各个领域的发展提供了重要的技术基础。在绿色公路能耗监测中，这些技术的应用，不仅提高了能耗监测的效率和准确性，还为公路能源管理和环保提供了科学的支持和保障。

四、智能控制学

绿色公路能耗统计监测平台需要对公路设施和设备进行智能化控制，以实现对能耗的优化和节约。智能控制学研究如何通过计算机和控制理论来实现对工业过程、自然环境等的智能化控制。

智能控制学在绿色公路能耗统计监测中的应用主要包括以下方面：第一，智能控制算法。利用人工智能、机器学习等技术，研发智能控制算法，通过对公路设施和设备的数据进行分析和处理，实现对公路能耗的智能化控制。第二，自适应控制技术。自适应控制技术是指根据被控对象自身的特性和变化，对控制策略进行自适应调整的控制方法。在绿色公路能耗监测中，自适应控制技术可以实现对公路设施和设备的自动调节和控制，从而达到节能减排的目的。第三，模糊控制技术。模糊控制技术是一种基于模糊数学的控制方法，可应用于复杂的非线性控制系统。在绿色公路能耗监测中，模糊控制技术可用于对公路设施和设备的控制，提高控制的精度和效率。第四，神经网络控制技术。神经网络控制技术是指利用人工神经网络进行控制的方法。在绿色公路能耗监测中，神经网络控制技术可以通过对公路设施和设备的数据进行训练和学习，提高控制的智能化水平。第五，智能化调度技术。智能化调度技术是指利用人工智能等技术，对公路设施和设备进行智能化调度，从而实现优化调度和节能减排的目的。

总之，智能控制学在绿色公路能耗统计监测中的应用，可以大大提高公路设施和设备的智能化水平和控制效率，为绿色公路建设提供强有力的技术支持。

第二节　能耗数据采集和传输技术

能耗数据采集和传输技术是绿色公路能耗统计监测系统的重要组成部分，它可以实现对公路设施和设备的实时监测和控制，为能源管理和环境保护提供科学依据。主要包括以下两种技术。

一、传感器技术

传感器技术是能耗统计监测平台的核心技术之一，它可以对公路设施、设备的运行状态进行实时监测，提供实时数据支持能耗的监测和统计。本文将对绿色公路能耗统计监测的传感器技术进行详细介绍和分析。

（一）传感器技术的概念

传感器是一种将物理量转换为电信号输出的装置，能够将被测量的物理量转化为电信号，供计算机等设备进行处理和分析。在绿色公路能耗监测系统中，传感器用于测量公路设施和设备的运行状态，包括温度、湿度、压力、流量、速度、位置、振动等指标，以获取关于能耗的实时数据。

1. 传感器简介

传感器是一种能把物理量或化学量转变成便于利用的电信号的器件，是测量系统中的一种前置部件，能将输入变量转换成可供测量的信号。传感器是包括承载体和电路连接的敏感元件，而传感器系统则是组合有某种信息处理（模拟或数字）能力的传感器。传感器是传感器系统的组成部分，是被测量信号输入的第一道关口。

2. 传感器的主要特性

（1）稳定性

稳定性是指在整个工作时间段传感器对基本响应的稳定性，是传感器的一个重要指标。传感器的稳定性主要取决于零点漂移和区间漂移。零点漂移是指在没有目标信号时，传感器在整个工作时间段内的输出响应。区间漂移是指传感器在有连续目标信号时，输出响应信号的变化，表现为输出信号在整个时间段内强度的变化。

（2）灵敏度

灵敏度是指输出信号和输入信号的比值，取决于传感器自身的性能。传感器的选择要保证其对测量信号有足够的灵敏度。

3. 测试设备中常用传感器分析

（1）光电开关

光电开关通过探测发射端和接收端之间的光的强弱变换，并将这种光的变化转化为电流的变化，从而实现探测的目的。由于光电开关的输入和输出回路之间是隔离的，所以可以应用到很多场合。

工作原理。光电开关利用检测物体对光束的遮挡或反射，产生电信号的选通，实现对检测物体的有无或位置信息的测量。光电开关可检测的物体不仅局限于金属，所有可对光线进行反射或遮挡的物体均可被检测。

在光电开关的 1 脚和 2 脚间加一个电压（5V），发光二极管产生光源。光电二极管接收到光线后，3 脚和 4 脚导通。阻抗是否导通由接收的光源强弱决定，若光电开关被遮挡，光电二极管无法接收光源，则光电开关 3 脚和 4 脚截止。

反射型光电开关与其原理相似，只是发光二极管发出的光源需经过反射后才能被光电二极管接收。其光电二极管两端是否导通，同样由接收的光源强弱决定。

在测试设备中的使用。由于光电开关具有安装方便、使用简单及性能稳定等特点，所以被广泛应用于测试设备。特别是一些到位信号的检测方面，通过简单结构件对光路进行遮挡，即可实现光电二极管两端信号的变化，从而产生到位信号。

对于光电开关在测试设备中的故障排除可以从如下几个方面进行测试：第一，光电开关中发光二极管两端（1 脚和 2 脚）是否存在电势差（一般为 5V，由光电开关的型号及在实际中的应用决定）；第二，在发光二极管两端存在电势差和光路未被遮挡的情况下，测量光电二极管两端电势应相同，在光路被遮挡的情况下，光电二极管两端应截止；第三，光电二极管及发光二极管符合二极管的特性，可以用万用表进行二极管测试；第四，光电开关管脚焊接位置容易受力，导致接触问题，应重点检查。（可采用“菲利普接头”的形式消除受力问题）光电开关在普通光照环境下能稳定工作，但使用时应回避将传感器光轴正对强光源。

（2）热电偶

热电偶的简介。热电阻主要利用金属的电阻值随温度变化而变化的特性来对温度及温度的变化量进行测量。目前，较为广泛使用的热电阻材料为镍、铜及铂等，它们具有性能稳定、温度范围宽、温度系数大、线性度好及容易加工等特点。

热电偶的工作原理。当金属两端处于不同温度时，自由电子便会从高温区向低温区扩散，从而产生从高温区到低温区的热电流。热电偶使用不同的两金属连接成回路，由于不同金属的电子扩散速度存在差异，扩散电流大小也会不同，因此在连接回路中将存在微小的静电流。电流的大小取决于金属两端的温度差，也取决于金属之间的材质差异。

热电偶的使用：第一，通过查询分度表测得被测件温度。实际使用中，热电偶的工作端与被测件接触，自由端悬空与仪表相连。对自由端的电势差进行测量，查询其热电偶对应的分度表，得出被测件（接触点）的温度。这种状态下要求自由端处于恒定的零度状态。第二，通过专用温度仪表进行温度测试。如果使用专用的温度仪对温度进行测量，只需将热电偶的测量端与被测温度点相连，自由端与温度仪的输入相连。温度仪会自动根据室温对自由端进行电势的温度补偿，同时将所测得的电势转化为温度并显示出来。用专用温度仪表进行温度测试时，需注意热电偶的型号要与仪表的设置型号一致，否则测量端的温度值将不能正常显示。

（3）电阻应变片

电阻应变片简介。电阻应变片简称应变片，是用于测量应变（受力变形）的元件。通过将应变片粘贴在结构件上，能够将结构件上应变的变化转换为应变片电阻的变换，从而实现结构件应变的测量。电阻应变片通常是由金属材料绕成栅状，夹在两层绝缘薄片中制成，用导线与金属材料相连，作为应变片的引线。

电阻应变片的工作原理。金属丝的电阻值除了与材料的性质有关外，还与金属丝的长度、横截面面积有关。将应变片粘贴在结构件上，当结构件受力变形时，金属丝的长度及横截面面积也随之一起变化，进而导致电阻发生变化。需要注意的是，电阻应变片的应变量与受应变的作用力是否与应变片的受力截面一致有关。应变的作用力与应变片的截面一致，则应变片的应变量最大，否则相反。

电阻应变片在测试设备中的应用。测试设备中，电阻应变片主要用于结构件所受应力的测量。通过把应变片粘贴在结构件上，把结构件所受应力的大小转换为电阻的变化，从而产生电压信号，对其放大后进行测试。

（4）电桥电路

电桥简介。电桥可以实现对电阻变量的测量，具有结构简单、线性好、精度高、测量范围宽及灵敏度高等特点，被广泛应用于测试设备中。

电桥在电阻应变片测试系统中的应用。将电阻应变片粘贴在结构件上组成电桥电路。把结构件所受应力的大小转换为电阻的变化，从而产生电压信号。对产生的电压信号进行放大后，可以实现对结构件所受应力大小的测量。为提高灵敏度，结构件所受应力的测量通常使用四臂电桥。

（二）传感器的分类

根据传感器测量的物理量不同，传感器可以分为多种类型，常见的传感器类型包括：

1. 电阻式传感器

电阻式传感器是将被测量，如位移、形变、力、加速度、湿度、温度等物理量转换成电阻值的一种器件。主要有电阻应变式、压阻式、热电阻、热敏、气敏、湿敏等电阻式传感器件。

2. 变频功率传感器

变频功率传感器通过对输入的电压、电流信号进行交流采样，再将采样值通过电缆、光纤等传输系统与数字量输入二次仪表相连，数字量输入二次仪表对电压、电流的采样值进行运算，可以获取电压有效值、电流有效值、基波电压、基波电流、谐波电压、谐波电流、有功功率、基波功率、谐波功率等参数。

3. 称重传感器

称重传感器是一种能够将重力转变为电信号的力—电转换装置，是电子衡器的一个关键部件。

能够实现力—电转换的传感器有多种，常见的有电阻应变式、电磁力式和电容式等。电磁力式主要用于电子天平，电容式用于部分电子吊秤，而绝大多数衡器产品所用的是电阻应变式称重传感器。电阻应变式称重传感器结构较简单，准确度高，适用面广，且能够在相对比较差的环境下使用。因此，电阻应变式称重传感器在衡器中得到了广泛运用。

4. 电阻应变式传感器

传感器中的电阻应变片具有金属的应变效应，即在外力作用下产生机械形变，从而使电阻值随之发生相应变化。电阻应变片主要有金属和半导体两类，金属应变片有金属丝式、箔式、薄膜式之分。半导体应变片具有灵敏度高（通常是丝式、箔式的几十倍）、横向效应小等优点。

5. 压阻式

压阻式传感器是根据半导体材料的压阻效应在半导体材料的基片上经扩散电阻而制成

的器件。其基片可直接作为测量传感元件，扩散电阻在基片内接成电桥形式。当基片受到外力作用而产生形变时，各电阻值将发生变化，电桥会产生相应的不平衡输出。

用作压阻式传感器的基片（或称膜片）材料主要为硅片和锗片，以硅片为敏感材料制成的硅压阻传感器越来越受到人们的重视，尤其是以测量压力和速度的固态压阻式传感器应用很普遍。

6. 热电阻传感器

热电阻测温是基于金属导体的电阻值随温度的增加而增加这一特性来进行温度测量的。热电阻大都由纯金属材料制成，目前应用很多的是铂和铜，此外，已开始采用镍、锰和铑等材料制造热电阻。

热电阻传感器主要是利用电阻值随温度变化而变化这一特性来测量温度及与温度有关的参数。在温度检测精度要求比较高的场合，这种传感器比较适用。较为广泛的热电阻材料为铂、铜、镍等，它们具有电阻温度系数大、线性好、性能稳定、使用温度范围宽、加工容易等特点。用于测量 -200～500℃范围内的温度。

7. 激光传感器

激光传感器是指利用激光技术进行测量的传感器。它由激光器、激光检测器和测量电路组成。激光传感器是新型测量仪表，它的优点是能实现无接触远距离测量，速度快，精度高，量程大，抗光、电干扰能力强等。

激光传感器工作时，先由激光发射二极管对准目标发射激光脉冲，经目标反射后激光向各方向散射，部分散射光返回到传感器接收器，被光学系统接收后成像到雪崩光电二极管上。雪崩光电二极管是一种内部具有放大功能的光学传感器，它能检测到极其微弱的光信号，并将其转化为相应的电信号。

利用激光的高方向性、高单色性和高亮度等特点可实现无接触远距离测量。激光传感器常用于长度（ZLS-Px）、距离（LDM4x）、振动（$ZLDS10_X$）、速度（LDM30x）、方位等物理量的测量，还可用于探伤和大气污染物的监测等。

8. 霍尔传感器

霍尔传感器是根据霍尔效应制作的一种磁场传感器，广泛地应用于工业自动化技术、检测技术及信息处理等方面。霍尔效应是研究半导体材料性能的基本方法。通过霍尔效应实验测定的霍尔系数，能够判断半导体材料的导电类型、载流子浓度及载流子迁移率等重要参数。

霍尔传感器分为线性型霍尔传感器和开关型霍尔传感器两种。线性型霍尔传感器由霍尔元件、线性放大器和射极跟随器组成，它输出模拟量；开关型霍尔传感器由稳压器、霍尔元件、差分放大器、斯密特触发器和输出级组成，它输出数字量。

9. 无线温度传感器

无线温度传感器将控制对象的温度参数变成电信号，并向接收终端发送无线信号，对系统实行检测、调节和控制。它可直接安装在一般工业热电阻、热电偶的接线盒内，与现场传感元件组成一体化结构。通常和无线中继、接收终端、通信串口、电子计算机等配套使用，这样不仅节省了补偿导线和电缆，而且减少了信号传递失真和干扰，从而获得高精度的测量结果。

无线温度传感器广泛应用于化工、冶金、石油、电力、水处理、制药、食品等自动化行业。例如：高压电缆上的温度采集；水下等恶劣环境的温度采集；运动物体上的温度采集；不易连线通过的空间传输传感器数据；单纯为降低布线成本选用的数据采集方案；没有交流电源的工作场合的数据测量；便携式非固定场所的数据测量。

10. 智能传感器

智能传感器是具有信息处理功能的传感器。智能传感器带有微处理器，具有采集、处理、交换信息的能力，是传感器集成化与微处理机相结合的产物。与一般传感器相比，智能传感器具有以下三个优点：通过软件技术可实现高精度的信息采集，而且成本低；具有一定的编程自动化能力；功能多样化。智能传感器是一个相对独立的智能单元，它的出现对原来硬件性能苛刻要求有所减轻，而靠软件帮助可以使传感器的性能大幅提高。

11. 光敏传感器

光敏传感器是常见的传感器之一，它的种类繁多，主要有：光电管、光电倍增管、光敏电阻、光敏三极管、太阳能电池、红外线传感器、紫外线传感器、光纤式光电传感器、色彩传感器、CCD 和 CMOS 图像传感器等。它的敏感波长在可见光波长附近，包括红外线波长和紫外线波长。光传感器不只局限于对光的探测，还可以作为探测元件组成其他传感器，对许多非电量进行检测，只要将这些非电量转换为光信号的变化即可。光传感器是目前产量很多、应用很广的传感器之一，它在自动控制和非电量电测技术指引中占有非常重要的地位。简单的光敏传感器是光敏电阻，当光子冲击接合处时会产生电流。

12. 生物传感器

生物传感器是用生物活性材料（酶、蛋白质、DNA、抗体、抗原、生物膜等）与物理化学换能器有机结合的一门交叉学科，是发展生物技术必不可少的一种先进的检测方法与监控方法，也是物质分子水平的快速、微量分析方法。各种生物传感器有以下共同结构：包括一种或数种相关生物活性材料（生物膜）及能把生物活性表达的信号转换为电信号的物理或化学换能器（传感器），二者组合在一起，用现代微电子和自动化仪表技术进行生物信号的再加工，构成各种可以使用的生物传感器分析装置、仪器和系统。

按照感受器中采用的生命物质，传感器可分为：微生物传感器、免疫传感器、组织传感器、细胞传感器、酶传感器、DNA 传感器等。

按照传感器器件检测的原理，传感器可分为：热敏生物传感器、场效应管生物传感器、压电生物传感器、光学生物传感器、声波导生物传感器、酶电极生物传感器、介体生物传感器等。

按照生物敏感物质相互作用的类型，传感器可分为亲和型传感器和代谢型传感器。

13. 视觉传感器

视觉传感器能从一整幅图像中捕获光线的数以千计的像素。图像的清晰和细腻程度通常用分辨率来衡量，以像素数量表示。在捕获图像之后，视觉传感器将其与内存中存储的基准图像进行比较，以做出分析。例如，若视觉传感器被设定为辨别正确的插有八颗螺栓的机器部件，则传感器知道应该拒收只有七颗螺栓的部件或者螺栓未对准的部件。此外，无论该机器部件位于视场中的哪个位置，无论该部件是否在 360 度范围内旋转，视觉传感器都能做出判断。

14. 位移传感器

位移传感器又称为线性传感器，它是把位移转换为电量的传感器。位移传感器是一种属于金属感应的线性器件，传感器的作用是把各种被测物理量转换为电量。它分为电感式位移传感器、电容式位移传感器、光电式位移传感器、超声波式位移传感器、霍尔式位移传感器。

在这种转换过程中有许多物理量（例如压力、流量、加速度等）常常需要先变换为位移，再将位移变换成电量。因此，位移传感器是一类重要的基本传感器。在生产过程中，位移的测量一般分为测量实物尺寸和机械位移两种。机械位移包括线位移和角位移。按被测变量变换的形式不同，位移传感器可分为模拟式和数字式两种。模拟式又可分为物性型（如自发电式）和结构型两种。常用位移传感器以模拟式结构型居多，包括电位器式位移传感器、电感式位移传感器、自整角机、电容式位移传感器、电涡流式位移传感器、霍尔式位移传感器等。数字式位移传感器的一个重要优点是便于将信号直接送入计算机系统，其发展迅速，应用日益广泛。

15. 压力传感器

压力传感器是工业实践中较为常用的一种传感器，其广泛应用于各种工业自控环境中，涉及水利水电、铁路交通、智能建筑、生产自控、航空航天、军工、石化、油井、电力、船舶、机床、管道等众多行业。

16. 超声波测距离传感器

超声波测距离传感器利用超声波回波测距原理，运用精确的时差测量技术，检测传感器与目标物之间的距离，采用小角度、小盲区超声波传感器，具有测量准确、无接触、防水、防腐蚀、低成本等优点，可应于液位、物位检测，特有的液位、料位检测方式，可保证在液面有泡沫或大的晃动、不易检测到回波的情况下有稳定的输出。其主要应用行业为：液位，物位，料位检测，工业过程控制等。

17. 一体化温度传感器

一体化温度传感器一般由测温探头（热电偶或热电阻传感器）和两线制固体电子单元组成。采用固体模块形式将测温探头直接安装在接线盒内，从而形成一体化的传感器。一体化温度传感器一般分为热电阻和热电偶两种类型。

热电阻温度传感器由基准单元、R/V 转换单元、线性电路、反接保护、限流保护、V/I 转换单元等组成。测温热电阻信号转换放大后，再由线性电路对温度与电阻的非线性关系进行补偿，经 V/I 转换电路后输出一个与被测温度呈线性关系的 4 ~ 20mA 的恒流信号。

热电偶温度传感器一般由基准源、冷端补偿、放大单元、线性化处理、V/I 转换、断偶处理、反接保护、限流保护等电路单元组成。它是将热电偶产生的热电势经冷端补偿放大后，再由线性电路消除热电势与温度的非线性误差，后放大转换为 4 ~ 20mA 电流输出信号。为防止热电偶测量中由于电偶断丝而使控温失效造成事故，传感器中还设有断电保护电路。当热电偶断丝或接触不良时，传感器会输出很大值（28mA），以使仪表切断电源。一体化温度传感器具有结构简单、节省引线、输出信号大、抗干扰能力强、线性好、显示仪表简单、固体模块抗震防潮、有反接保护和限流保护、工作可靠等优点。一体化温度传感器的输出为统一的 4 ~ 20mA 信号；可与微机系统或其他常规仪表匹配使用，也可应用户要求做成防爆型或防火型测量仪表。

18. 液位传感器

液位传感器（静压液位计 / 液位变送器 / 液位传感器 / 水位传感器）是一种测量液位的压力传感器。静压投入式液位变送器（液位计）是基于所测液体静压与该液体的高度成比例的原理，采用国外先进的隔离型扩散硅敏感元件或陶瓷电容压力敏感传感器，将静压转换为电信号，再经过温度补偿和线性修正，转化成标准电信号（一般为 4 ~ 20mA/1 ~ 5VDC）。

液位传感器分为两类：一类为接触式，包括单法兰静压 / 双法兰差压液位变送器、浮球式液位变送器、磁性液位变送器、投入式液位变送器、电动内浮球液位变送器、电动浮筒液位变送器、电容式液位变送器、磁致伸缩液位变送器、伺服液位变送器等。另一类为非接触式，分为超声波液位变送器、雷达液位变送器等。

19. 真空度传感器

真空度传感器是采用先进的硅微机械加工技术生产，以集成硅压阻力敏元件作为传感器的核心元件制成的绝对压力变送器，由于采用硅 – 硅直接键合或硅 – 派勒克斯玻璃静电键合形成的真空参考压力腔，以及一系列无应力封装技术及精密温度补偿技术，因而具有稳定性优良、精度高的突出优点，适用于各种情况下绝对压力的测量与控制。

20. 电容式物位传感器

电容式物位传感器适用于工业企业在生产过程中进行测量和控制生产过程，主要用作导电类与非导电介质的液体液位或粉粒状固体料位的远距离连续测量和指示。

电容式液位传感器由电容式传感器与电子模块电路组成，它以两线制 4 ~ 20mA 恒定电流输出为基型，经过转换，可以用三线或四线方式输出，输出信号形成 1 ~ 5V、0 ~ 5V、0 ~ 10mA 等标准信号。电容传感器由绝缘电极和装有测量介质的圆柱形金属容器组成。当料位上升时，因非导电物料的介电常数明显小于空气的介电常数，所以电容量随着物料高度的变化而变化。传感器的模块电路由基准源、脉宽调制、转换、恒流放大、反馈和限流等单元组成。采用脉宽调制原理进行测量的优点是频率较低、对周围无射频干扰、稳定性好、线性好、无明显温度漂移等。

21. 锑电极酸度传感器

锑电极酸度传感器是集 pH 检测、自动清洗、电信号转换为一体的工业在线分析仪表，它是由锑电极与参考电极组成的 pH 酸碱度测量系统。在被测酸性溶液中，由于锑电极表面会生成三氧化二锑氧化层，这样在金属锑面与三氧化二锑之间会形成电位差。该电位差的大小取决于三氧化二锑的浓度，该浓度与被测酸性溶液中氢离子的适度相对应。如果把锑、三氧化二锑和水溶液的适度都当作 1，其电极电位就可用能斯特公式计算出来。

锑电极酸度传感器中的固体模块电路由两大部分组成。为了现场作用的安全起见，电源部分采用交流 24V 为二次仪表供电。这一电源除为清洗电机提供驱动电源外，还应通过电流转换单元转换成相应的直流电压，以供变送电路使用。而测量传感器电路把来自传感器的基准信号和 pH 酸度信号经放大后送给斜率调整和定位调整电路，以使信号内阻降低并可调节。将放大后的 pH 信号与温度补偿信号进行叠加后再插进转换电路，后输出与 pH 酸碱度相对应的 4～20mA 恒流电流信号给二次仪表，以完成显示并控制 pH 酸碱度。

22. 酸、碱、盐浓度传感器

酸、碱、盐浓度传感器通过测量溶液电导值来确定浓度。它可以在线连续检测工业过程中酸、碱、盐在水溶液中的浓度。它主要由电导池、电子模块、显示表头和壳体组成。电子模块电路则由激励电源、电导池、电导放大器、相敏整流器、解调器、温度补偿、过载保护和电流转换等单元组成。这种传感器主要应用于锅炉给水处理、化工溶液的配制以及环保等工业生产过程。

酸、碱、盐浓度传感器的工作原理是：在一定范围内，酸、碱溶液的浓度与其电导率的大小成比例。因而，只要测出溶液电导率的大小便可得知酸、碱浓度的高低。当被测溶液流入专用电导池时，如果忽略电极极化和分布电容，则可以等效为一个纯电阻。在有恒压交变电流流过时，其输出电流与电导率呈线性关系，而电导率又与溶液中酸、碱浓度成比例关系。因此，只要测出溶液电流，便可算出酸、碱、盐的浓度。

23. 电导传感器

电导率传感器，是在实验室、工业生产和探测领域里被用来测量超纯水、纯水、饮用水、污水等各种溶液的电导性或水标本整体离子的浓度的传感器。它是通过测量溶液的电导值来间接测量离子浓度的流程仪表（一体化传感器），可在线连续检测工业过程中水溶液的电导率。

由于电解质溶液与金属导体一样是电的良导体，因此电流流过电解质溶液时必有电阻作用，且符合欧姆定律。但液体的电阻温度特性与金属导体相反，具有负向温度特性。为区别于金属导体，电解质溶液的导电能力用电导（电阻的倒数）或电导率（电阻率的倒数）来表示。当两个互相绝缘的电极组成电导池时，若在其中间放置待测溶液，并通以恒压交变电流，就形成了电流回路。如果将电压大小和电极尺寸固定，则回路电流与电导率就存在一定的函数关系。这样，测了待测溶液中流过的电流，就能测出待测溶液的电导率。电导传感器的结构和电路与酸、碱、盐浓度传感器相同。

（三）传感器的应用

在绿色公路能耗监测系统中，传感器被广泛应用于公路设施和设备的监测，包括：

1. 照明设备监测

采用光强传感器和照度传感器等监测隧道照明设备的运行状况和亮度，以便及时发现和修复故障，调整照明强度，以节约能源。

2. 空调设备监测

采用温度传感器和湿度传感器等监测隧道内空气质量和温湿度变化，及时调整空调设备的运行状态，减少能源浪费。

3. 通风设备监测

采用风速传感器和温湿度传感器等监测隧道内气流状态和温湿度变化，及时调整通风设备的运行状态，保证通风效果和节约能源。

4. 水泵设备监测

采用压力传感器和流量传感器等监测隧道内水泵的运行状态和水流变化，及时调整水泵设备的运行状态，保证水流稳定和节约能源。

5. 道路状况监测

采用振动传感器和加速度传感器等监测道路的状况和变化，及时发现和修复道路损坏，确保道路安全和节约能源。

6. 气象监测

采用气压传感器和温度传感器等监测气象变化，及时调整交通管理措施和公路设备的运行状态，保证公路安全和节约能源。

7. 交通流量监测

采用车辆传感器和雷达传感器等监测交通流量和车辆行驶状态，及时调整交通管理措施和公路设备的运行状态，保证交通流畅和节约能源。

以上传感器技术的应用，都是为了提高绿色公路能耗监测的精度和效率，同时降低公路运行和维护的成本。

二、信息化技术

信息化技术是指将各种技术手段和设备进行有机整合，形成完整的信息化系统。绿色公路能耗统计监测平台的信息化技术主要包括以下方面：

（一）云计算技术

能耗监测系统需要处理大量数据，因此需要借助云计算技术进行数据存储、管理和处理，以提高数据的处理效率和安全性。云计算技术是指基于互联网的分布式计算方式，利用虚拟化技术将计算资源和服务统一管理，并提供按需自助的服务模式。在绿色公路能耗监测系统中，云计算技术被广泛应用于数据存储、管理和处理。

首先，云计算技术可以提供高效的数据存储和管理服务。能耗监测系统需要处理大量数据，而传统的本地存储方式受到存储空间和安全性等问题的影响。云计算技术通过虚拟化技术将数据存储在云端，用户既可以随时随地访问和管理数据，也可以通过云计算平台实现数据备份和灾备等功能，保证数据的安全性和可靠性。

其次，云计算技术可以提供高效的数据处理服务。能耗监测系统需要对海量的数据进行处理和分析，而传统的本地计算方式受限于计算资源和算法效率等问题。云计算技术可以提供高性能的计算服务，通过将计算任务分布在多个计算节点上进行并行计算，实现高效的数据处理和分析。

最后，云计算技术可以提供灵活的服务模式和付费方式。能耗监测系统的数据处理需求可能存在较大的波动性，而传统的本地计算方式需要提前购买硬件设备和软件许可证等资源，无法灵活应对需求变化。云计算技术可以提供按需自助的服务模式和弹性计算能力，用户可以根据实际需求动态调整计算资源，从而实现更加灵活和高效的数据处理和分析。

云计算技术在绿色公路能耗监测系统中具有重要的应用价值，可以提高数据存储、管理和处理的效率和安全性，从而为绿色公路的建设和管理提供有力支撑。

（二）物联网技术

物联网技术（Internet of Things，IoT）是指通过网络将物理设备与互联网连接起来，实现数据传输和交互的技术。在绿色公路能耗监测系统中，物联网技术可以应用于各种传感器设备的连接和数据采集，从而实现对公路设施和设备的实时监测和控制。

具体来说，通过在公路设施和设备上安装传感器设备，可以实现对公路设施和设备的实时监测和数据采集，包括照明设备、通风设备、空调设备、水泵设备、压路机、挖掘机、石料破碎机等设备的运行状态和能耗数据。这些传感器设备通过物联网技术连接到云端平台，实现数据的实时传输和交互。在云端平台上，可以对数据进行分析和处理，从而实现对公路能耗的监测和管理。

除了实时监测和控制外，物联网技术还可以应用于公路设施和设备的预测性维护。通过对设备数据的分析和处理，可以预测设备的故障和维修需求，提前进行维修和更换，以减少设备故障和维修对公路能耗的影响。

总之，物联网技术在绿色公路能耗监测系统中具有重要的应用价值，可以提高公路设施和设备的监测和控制水平，降低能耗和成本，提高公路的安全性和可持续性。

（三）大数据分析技术

大数据分析技术是指利用先进的技术手段和算法，对大规模、多维度、异构性的数据进行处理和分析，从中挖掘出有价值的信息和知识。在绿色公路能耗监测系统中，大数据分析技术可以帮助对大量的数据进行挖掘和分析，发现其中的规律和趋势，为优化公路能耗决策提供支持。

大数据分析技术的主要应用包括以下 5 个方面：

1. 数据清洗与预处理

绿色公路能耗监测系统中采集的数据源多样、数据类型不一，而且数据质量存在不确定性，因此需要对数据进行清洗和预处理，保证数据的质量和可靠性。

2. 数据挖掘与分析

在绿色公路能耗监测系统中，大量的数据需要进行挖掘和分析，以发现其中的规律和趋势。通过数据挖掘技术，可以识别数据中隐藏的关联、趋势和模式，帮助发现能源消耗的潜在问题和改进机会。

3. 数据可视化与呈现

对于绿色公路能耗监测系统中的大量数据，需要进行可视化和呈现，以便用户能够直观地理解数据，从而更好地进行决策。通过数据可视化技术，可以将复杂的数据呈现为直观的图形、表格或动画，让用户更好地理解数据。

4. 机器学习与预测分析

在绿色公路能耗监测系统中，通过机器学习和预测分析技术，可以对公路能耗进行预测和分析，以帮助决策者制定更准确的决策。机器学习技术可以通过分析历史数据和趋势，预测未来的公路能耗情况；预测分析技术可以基于历史数据和趋势，建立公路能耗模型，对未来的能耗进行预测。

5. 智能决策支持

通过对绿色公路能耗监测系统中的大量数据进行挖掘和分析，可以获得有价值的信息和知识。这些信息和知识可以为决策者提供决策支持，帮助其制定更准确、更有效的决策。

总的来说，大数据分析技术是绿色公路能耗监测系统非常重要的一部分，可以从数据中挖掘出有价值的信息和知识，为公路能耗优化提供重要支持。

（四）人工智能技术

通过人工智能技术，能够实现能耗监测系统的自动化和智能化，实现对公路设施和设备的自动识别、自动判断和自动控制。

1. 计算机人工智能技术概述

人工智能技术指的是研究如何使计算机具有人类思维模式的一项科学技术，它能够模拟人类的某些特殊能力，例如学习、推理、语音、动作等人类特有的行为模式，并在此基础上进行扩展延伸，使其具备人类无法简单完成的动作或某种特殊能力。凭此，在某些需要复杂的人工操作的特殊工作中，可以使用人工智能代替人类来完成困难工作，实现智能化。并且由于人工智能在计算能力、推理能力以及工作精度方面有优势，使得人工智能的工作能力和工作效率远比人类高，同时能避免由于人类主观方面的失误造成的严重后果。

人工智能技术作为计算机技术的重要学科分支，涉及多个学科知识，如心理学、数学、计算机科学等。人工智能技术相较于其他技术，在理论以及实践中具有综合性的优势，其内容主要涉及 4 个方面。

（1）智能感知

可以利用人工智能技术使机器能够具备感知周围事物的能力，并收集周围事物的感知信息。

（2）智能学习

学习能力是人类区别于普通机器最主要的特征之一，人工智能可以将获取的大量数据进行分析和总结，并通过相应算法，利用数学方法，建立特定的数学模型，对数据进行模拟训练，将训练结果存储到系统中。

（3）智能推理

具有代表性的就是专家系统，专家系统通过学习积累知识和经验，利用推理机结合已有知识规则进行智能推理，并得出相应结论。

（4）智能运动

人工智能的智能运动主要体现在机器人学，需要结合运动学、动力学等方面的知识。近年来，机器人学发展迅速，但还未突破关键技术，运动方面还未达到较高阶段。

2. 计算机人工智能技术分类

计算机人工智能（AI）技术的一个重要特点就是模拟人类的思维模式，并能在此基础上进行扩展延伸，使其具备学习能力。人工智能技术主要可分为 3 类。

（1）认知 AI

认知 AI 在计算机人工智能技术中属于基础的技术手段，主要是人工智能具备认知运算。认知计算具备模拟人脑的认知、学习的能力，可以使计算机系统与人类进行简单的沟通交流，解决人类不容易解决的问题。另外，随着大数据以及数据挖掘等技术的不断研究，人工智能技术可通过认知计算进行自我学习，使其处理方式能够类似人类的思考过程，有利于进一步延伸人工智能的应用范围。

（2）机器学习 AI

目前，使用机器学习 AI 具有代表性的就是汽车无人驾驶系统，可以使汽车脱离驾驶员行驶。该系统可对实时路况信息进行分析，并做出相应操作，能模拟人类驾驶员对汽车进行适当操作以达到更加安全的行驶条件。机器学习需要借助计算机网络技术以及特定算法使机器自主学习，输入大量数据对特定模型进行模拟训练，达到模拟人类思维模式的效果，是人工智能技术中极其重要的一项技术。

（3）深度学习 AI

相较于机器学习，深度学习技术更加尖端，结合了无监督算法，并构建了模拟人脑复杂结构的人工神经网络。在学习能力上，深度学习具备学习更加复杂概念的能力。在数据量上，深度学习拥有更加庞大的数据量，能够对图像、语音、文字等信息进行识别和提取，并像人类一样拥有分析学习能力。深度学习 AI 不仅具有强大的分析学习能力，而且在自主意识实现方面较为先进，可以在日常生活中与人类进行正常对话交流，甚至能够进入家庭生活中，帮助人们处理家中的事务，解决遇到的难题。

3. 计算机人工智能技术发展历程

自 20 世纪中期至今，计算机人工智能技术持续发展，从概念提出到广泛应用再到各行业领域甚至家庭生活，其发展历程可划分为 3 个阶段。

（1）初始阶段

随着电子计算机技术的出现及发展，20 世纪中叶，“人工智能”一词被提出。随后，很多学者及研究人员对人工智能的概念及原理进行拓展延伸，并进行更深入的研究。用于研究人工智能的基本语言 LISP 的出现，对人工智能技术能够继续发展并应用到各社会领域有重要作用，以及定理机器证明广泛应用于人工智能系统，在解决发展人工智能技术遇到的难题时发挥了极其重要的作用。然而，由于当时的计算机技术以及与人工智能相关的学科技术并不先进，导致人工智能技术发展速度较为缓慢。

（2）应用阶段

20 世纪 70 年代，专家系统的出现标志着人工智能技术进入一个新的发展阶段，其应用领域也在进一步扩大延伸。专家系统中存储了人类专家解决问题的能力和经验，能够像人类专家一样对现实问题进行求解，借助复杂算法具备对问题进行预测推理的能力，在工作方面有极高的效率。凭借专家系统的优势，人工智能技术在行业领域方面应用广泛，例如可以对股市进行预测分析，帮助企业更好地统筹规划。虽然专家系统在一定程度上促进了人工智能技术的发展，但由于其技术不完善，在很多方面并不能满足特定需求，进而使人工智能技术的发展受到一定阻碍。

（3）集成阶段

近几十年来，随着计算机科学技术以及与人工智能相关的各类技术不断发展完善，人工智能技术进步迅速，专家系统相较于应用阶段时期更加完善，功能更加齐全，能够对一些人类无法解决的问题进行分析推理。在集成概念中，人工智能技术融入各类技术及行业领域中，小到日常生活中使用的智能手机、家用机器，大到航天控制、空间领域。同时，各类高级编程语言的出现也对人工智能技术的发展起到极大的促进作用，例如 Python、Java 等高级编程语言，能够与 AI 各类常用算法契合使用。

4. 人工智能技术在绿色公路能耗监测系统中的应用

人工智能技术在绿色公路能耗监测系统中的应用可以分为以下几个方面：第一，图像识别和处理。在绿色公路能耗监测系统中，通过安装摄像头或红外传感器等设备对公路设施和设备进行监测和识别。利用图像识别和处理技术，能够自动识别和判断车辆、行人、道路状况等信息，从而实现对公路能耗的自动化监测和控制。第二，数据分析和预测。利用人工智能技术的数据分析和预测功能，能够处理和分析大量的能耗数据，并从中提取有价值的信息，预测未来的能耗趋势，从而为公路能耗优化提供决策支持。第三，智能控制和调度。基于人工智能技术，能够实现对公路设施和设备的智能控制和调度。通过对公路能耗数据的实时监测和分析，系统能够自动判断和调整能耗设备的使用，以降低能耗和成本，提高公路运营效率。第四，自主学习和优化。利用人工智能技术的自主学习和优化功能，能够根据公路能耗数据的变化和公路用户的反馈，自动调整能耗监测系统的参数和模型，不断优化公路能耗监测和控制效果，实现系统的智能化和自我完善。

综上所述，人工智能技术在绿色公路能耗监测系统中的应用，能够大大提高系统的智能化和自动化程度，为公路能耗优化提供强有力的支持。

（五）移动应用技术

移动应用技术在绿色公路能耗监测中的应用，是为了提供更加便捷和实时的监测服务，使用户能够随时随地获取公路能耗数据，并进行实时监测和控制。

1. 移动应用技术的基本原理

移动应用技术是一种基于移动设备的应用程序开发技术，通过开发针对不同操作系统的移动应用程序，实现在移动设备上的应用功能。其基本原理是在移动设备上安装应用程序，通过移动设备的网络连接，获取服务器上的数据，并在移动设备上进行数据处理和显示。

2. 移动应用技术在绿色公路能耗监测中的应用

①数据实时传输。通过移动应用技术，能够将绿色公路能耗监测系统的数据实时传输到用户手中，使用户能够随时随地获取公路能耗数据，了解公路能耗情况。

②移动设备数据采集。移动应用技术可以通过移动设备的传感器和相机等设备，对公路能耗数据进行采集和处理，提高数据采集的精度和效率。

③移动应用平台管理。通过移动应用平台，能够对移动应用程序进行管理和更新，提供更加便捷的管理和维护服务。

④移动应用远程控制。通过移动应用技术，能够实现对公路设施和设备的远程控制，例如控制照明设备的开关和亮度等。

⑤移动应用预警服务。移动应用技术可以通过数据分析和预测算法，提供公路能耗预警服务，使用户及时了解公路能耗情况，并采取相应措施。

3. 移动应用技术在绿色公路能耗监测中的优势

①便捷性。通过移动应用技术，能够随时随地获取公路能耗数据，提高数据的可访问性和使用效率。

②实时性。移动应用技术能够实现公路能耗数据的实时传输和监测，提供实时的数据更新和显示。

③交互性。移动应用技术能够实现用户和系统之间的交互，用户能够通过移动应用程序对公路能耗数据进行处理和控制。

④可视化。移动应用技术能够将公路能耗数据以可视化的方式展示给用户，使用户更加直观地了解公路能耗情况。

⑤个性化。移动应用技术能够根据用户的需求和喜好进行个性化设置，为用户提供更加贴合实际需求的能耗监测服务。

⑥灵活性。移动应用技术能够支持多种设备和操作系统，包括手机、平板电脑、iOS 和 Android 系统等，为不同用户提供适合的能耗监测服务。

⑦数据安全性。移动应用技术能够对公路能耗数据进行加密和保护，确保数据的安全

性和隐私性。

⑧降低成本。与传统的能耗监测设备和系统相比，移动应用技术具有更低的成本，可以降低公路能耗监测系统的建设和维护成本。

综上所述，移动应用技术在绿色公路能耗监测中具有许多优势，能够提高数据的便捷性、实时性、交互性、可视化、个性化、灵活性、数据安全性和降低成本。因此，移动应用技术将成为绿色公路能耗监测系统不可或缺的一部分。

这些信息化技术的应用，为能耗监测系统的实现和管理提供了更加高效和智能的手段，也为公路建设和维护提供了更加准确和实时的数据支撑。

第三节　数据存储和管理技术

绿色公路能耗统计监测平台需要对大量的数据进行存储和管理，以保证数据的安全性和可靠性。数据存储和管理技术主要包括以下五个方面。

一、数据库管理系统（DBMS）

数据库管理系统是一种用于管理数据的软件系统，可以实现对数据的存储、管理、查询、分析等操作。在绿色公路能耗统计监测平台中，可以使用关系型数据库（如 MySQL、Oracle 等）或非关系型数据库（如 Mongo DB、Redis 等）进行数据存储和管理。

（一）关系型数据库

关系型数据库是一种基于关系模型的数据库，它采用表格形式来组织和管理数据。关系型数据库管理系统是指用于管理关系型数据库的软件系统，常见的 RDBMS 包括 MySQL、Oracle、SQL Server 等。在绿色公路能耗统计监测平台中，可以使用关系型数据库进行数据存储和管理，具有以下优势：

①结构化数据存储：关系型数据库将数据以表格形式进行存储，方便对数据的管理和查询。

②数据一致性：关系型数据库支持 ACID 事务，能够确保数据的一致性和完整性。

③灵活性：关系型数据库支持多种查询语言，如 SQL，具有较高的灵活性和可扩展性。

④安全性：关系型数据库可以对数据进行加密和访问控制，保证数据的安全性和隐私性。

在绿色公路能耗统计监测平台中，可以使用关系型数据库存储和管理各种数据，如环境监测数据、能耗数据、设施设备数据等。例如，可以使用 MySQL 数据库存储环境监测数据，建立环境参数表，包括监测时间、监测地点、温度、湿度、PM2.5 等参数。可以使用 Oracle 数据库存储能耗数据，建立能耗数据表，包括能耗类型、能耗时间、能耗数值等参数。

（二）非关系型数据库

非关系型数据库（NoSQL）是一种非结构化的数据库，它的数据存储形式不是表格，而是键值对、文档、图形等形式。非关系型数据库具有良好的扩展性和灵活性，在大规模数据处理和高并发读写方面具有优势。在绿色公路能耗统计监测平台中，可以使用非关系型数据库进行数据存储和管理，常见的非关系型数据库包括 MongoDB、Redis、Cassandra 等。

非关系型数据库在绿色公路能耗统计监测平台中的应用主要包括以下几个方面：

1. 高并发读写

非关系型数据库能够处理高并发读写的场景，适用于大量实时数据的处理和存储。在绿色公路能耗统计监测平台中，能够快速处理大量的实时数据，提高系统的响应速度和性能。

2. 数据存储灵活性

非关系型数据库具有良好的灵活性，能够存储不同格式的数据，如文档、图形等，它适用于绿色公路能耗统计监测平台中多种数据类型存储和管理需求。

3. 分布式扩展性

非关系型数据库能够进行分布式部署和扩展，可以通过水平扩展和垂直扩展等方式满足不同规模和负载的数据存储和处理需求，它能满足绿色公路能耗统计监测平台中的高可用性和可扩展性要求。

4. 数据备份和恢复

非关系型数据库能够对数据进行备份和恢复，提供数据的持久化存储和数据丢失时的快速恢复功能，保障数据的安全性和可靠性，在绿色公路能耗统计监测平台中对数据的保护具有重要作用。

总的来说，非关系型数据库在绿色公路能耗统计监测平台中的应用，能够提高数据的存储效率、处理性能和可靠性，满足多种不同的数据存储和管理需求，具有广阔的应用前景。

二、数据备份与恢复技术

数据备份与恢复技术是保障数据安全的重要手段之一，可以在数据发生损坏或丢失时进行数据恢复。常用的数据备份与恢复技术包括磁盘备份、快照备份、归档备份等。

（一）数据备份技术

数据备份是指将数据复制到另一个存储介质中，以便在原始数据发生损坏或丢失时进行恢复。数据备份技术是数据安全和数据管理的重要组成部分，也是绿色公路能耗统计监测平台必不可少的一部分。

1. 数据备份的类型

数据备份主要有以下几种类型：

①完全备份：将整个数据库的所有数据和日志备份到备份介质上。

②增量备份：将数据库中上次备份后发生改变的数据和日志备份到备份介质上。

③差异备份：将数据库中与上次备份不同的数据和日志备份到备份介质上。

2. 数据备份的策略

在进行数据备份时，需要制定一定的备份策略，以保证备份的安全性和有效性。常见的备份策略包括：

①定期备份：在一定的时间间隔内对数据进行备份，如每天备份一次、每周备份一次等。

②全量备份和增量备份相结合：进行全量备份后，再进行增量备份，以减少备份时间和存储空间的占用。

③多点备份：将备份数据存储在多个介质上，以提高备份数据的安全性和可靠性。

3. 数据备份的工具

常用的数据备份工具包括操作系统自带的备份工具（如 Windows Backup、Time Machine 等）、第三方备份软件（如 Acronis Backup、EaseUS Todo Backup 等）、云备份服务（如阿里云备份、腾讯云备份等）等。

（二）数据恢复技术

数据恢复是指在数据损坏或丢失时，将备份数据恢复到原始数据库的过程。数据恢复技术是数据安全和数据管理的重要组成部分，也是绿色公路能耗统计监测平台必不可少的一部分。

1. 数据恢复的类型

数据恢复中主要有以下几种类型：

①完全恢复：将整个数据库的所有备份数据和日志恢复到原始数据库中。

②部分恢复：将备份数据中部分数据恢复到原始数据库中。

③点恢复：将备份数据中某一特定时间点的数据恢复到原始数据库中。

2. 数据恢复的策略

在进行数据恢复时，需要制定一定的恢复策略，以保证恢复的安全性和有效性。常见的恢复策略包括：

①测试恢复：在实际应用之前，需要对数据恢复的过程进行测试，以验证数据恢复的可行性和有效性。

②备份策略：需要制定备份数据的策略，包括备份周期、备份频率、备份位置等方面。

③恢复点策略：需要确定恢复数据的时间点和方式，根据实际情况选择完全恢复、部分恢复或点恢复等类型。

④日志管理策略：需要对日志进行管理和维护，包括日志的备份、归档、清除等方面。

3. 数据恢复的工具

在进行数据恢复时，需要使用相应的工具。常用的数据恢复工具包括：

①备份软件：备份软件可以帮助实现数据备份和恢复操作，如 Symantec Backup Exec、Acronis True Image 等。

②数据恢复软件：数据恢复软件可以帮助实现数据恢复操作，如 EaseUS Data Recovery Wizard、Recuva 等。

③数据恢复服务：数据恢复服务提供商可以帮助企业或组织实现数据恢复操作，如 Kroll Ontrack、Stellar Data Recovery 等。

4. 数据恢复的流程

数据恢复通常包括以下几个步骤：

①数据备份：通过备份软件等工具进行数据备份，以确保数据的安全性和完整性。

②数据损坏检测：通过数据恢复软件等工具进行数据损坏检测，找出数据损坏的原因和范围。

③数据恢复：根据数据恢复的策略和需求，选择相应的数据恢复工具和方法，实现数据恢复操作。

④数据验证：对恢复的数据进行验证，确保数据的正确性和完整性。

⑤数据归档：对恢复的数据进行归档和备份，以确保数据的安全性和可靠性。

5. 数据恢复的注意事项

在进行数据恢复时，需要注意以下几个方面：

①保护现场数据：在进行数据恢复操作前，需要先保护现场数据，防止数据进一步损坏或丢失。

②选择正确的恢复方法：根据实际情况选择合适的恢复方法和工具，以确保恢复的效果和质量。

③备份和恢复测试：需要对备份和恢复过程进行测试和验证，以确保备份和恢复的可行性和有效性。

④数据归档和备份：对恢复的数据进行归档和备份，以备份未来的数据恢复。同时，需要定期检查和更新备份和归档策略，确保备份和恢复的安全性和有效性。

⑤人员培训和技能更新：对负责数据备份和恢复的人员进行培训和技能更新，提高其数据恢复的能力和技术水平。

总之，数据恢复是保障数据安全和管理的重要措施，需要进行定期备份和测试，并采取科学合理的恢复策略，以确保数据恢复的有效性和安全性。

三、数据加密技术

数据加密技术可以将敏感数据进行加密，保护数据的安全性和隐私性。常用的数据加密技术包括对称加密算法（如 AES、DES 等）和非对称加密算法（如 RSA、DSA 等）。

（一）加密技术基础知识

1. 加密技术概述

加密技术是指利用某种方法将原始数据转化为密文，以达到保护数据安全和隐私的目的。加密技术主要包括对称加密和非对称加密两种方式。

2. 对称加密和非对称加密

对称加密是指在加密和解密过程中使用同一把密钥，常见的对称加密算法有 DES、3DES、AES 等。对称加密的优点是速度快，但是密钥需要安全传输，密钥泄露后数据安全性将受到威胁。非对称加密是指在加密和解密过程中使用不同的密钥，分为公钥加密和私钥加密两种方式，常见的非对称加密算法有 RSA、ECC 等。非对称加密的优点是安全性高，但加密解密速度较慢。

（二）加密算法

在绿色公路能耗统计监测平台中，常见的加密算法包括对称加密算法和非对称加密算法。

1. 对称加密算法

对称加密算法在绿色公路能耗统计监测平台中主要用于对敏感数据进行加密，常用的对称加密算法有 DES、3DES、AES 等。

DES 是一种分组密码算法，将明文数据按 64 位进行分组，再利用密钥进行加密。由于 DES 密钥长度只有 56 位，因此安全性较低。3DES 是对 DES 算法的改进，通过对数据进行三次 DES 加密提高了安全性，但加密解密速度较慢。

AES 是一种高级加密标准，可以使用 128 位、192 位和 256 位三种密钥长度，安全性较高，且加密解密速度较快，因此在绿色公路能耗统计监测平台中被广泛应用。

2. 非对称加密算法

非对称加密算法主要用于加密密钥的传输和认证，常用的非对称加密算法有 RSA、DSA 等。

RSA 是一种基于大数因子分解的非对称加密算法，使用一个公钥和一个私钥进行加密和解密。RSA 算法安全性较高，广泛应用于数字签名和加密通信等方面。

DSA 是一种数字签名算法，也是一种基于离散对数的非对称加密算法，使用私钥进行签名，公钥进行验证。DSA 算法安全性较高，常用于数字签名和认证等方面。

3. 哈希算法

哈希算法是将任意长度的消息压缩成固定长度的摘要信息的算法，常用的哈希算法有 MD5、SHA-1 等。哈希算法可以对数据进行完整性验证，防止数据被篡改或冒充。

4. 加密算法的应用

在绿色公路能耗统计监测平台中，加密算法主要用于保护敏感数据的安全性，如用户信息、监测数据等。常见的应用场景包括数据传输时的加密、存储数据时的加密、用户身份认证等。

需要注意的是，加密算法并不是万无一失的，存在被攻击或破解的风险。因此，在使用加密算法时，需要选择合适的算法和参数，结合其他安全措施，提高系统的安全性和可靠性。

四、数据压缩技术

数据压缩技术可以将数据进行压缩，减小数据存储的空间和传输的带宽，提高数据的存储和传输效率。常用的数据压缩技术包括无损压缩（如 ZIP、RAR 等）和有损压缩（如 JPEG、MP3 等）。

（一）数据压缩技术的概述

数据压缩技术是将原始数据通过一定的算法和方法进行压缩，使得数据所占用的存储空间变小，从而实现数据的高效存储和传输。在绿色公路能耗统计监测平台中，数据压缩技术可以提高数据的存储效率，降低存储成本，也有助于加快数据的传输速度。

数据压缩技术通常分为有损压缩和无损压缩两种。有损压缩是指在压缩数据时会丢失一部分数据信息，从而达到压缩数据的目的，但可能会影响数据的质量和准确性；无损压缩是指在压缩数据时不会丢失数据信息，因此可以保证数据的完整性和准确性，但压缩率较低。

（二）数据压缩技术的应用

在绿色公路能耗统计监测平台中，数据压缩技术主要应用于以下方面：

1. 数据存储方面

通过对监测数据进行压缩，可以减少数据占用的存储空间，降低存储成本，也可以提高数据的存储效率，加快数据的访问速度。

2. 数据传输方面

在数据传输过程中，通过对数据进行压缩，可以减少数据的传输量，降低传输成本，也可以加快数据的传输效率。

3. 数据分析方面

通过对数据进行压缩，可以在保证数据完整性的同时，加快数据分析的效率。

（三）常见的数据压缩算法

1. 无损压缩算法

（1）哈夫曼编码

哈夫曼编码是一种基于字符出现概率的编码方法，可以将出现频率高的字符用较短的编码表示，从而实现数据的压缩。哈夫曼编码可以应用于任何类型的数据，具有压缩率高、无损压缩、编码速度快的特点。

（2）算术编码

算术编码是一种基于字符出现概率的编码方法，可以将一整个数据流编码为一个单一的数值。算术编码可以应用于任何类型的数据，具有压缩率高、无损压缩、编码速度较慢的特点。

2. 有损压缩算法

（1）JPEG 压缩算法

JPEG 压缩算法是一种基于离散余弦变换（DCT）的图像压缩算法。该算法可以将图像分块处理，对每个块进行 DCT 变换并对变换系数进行量化，从而实现图像压缩。JPEG 压缩算法具有压缩率高、适用于图像压缩、压缩后图像质量较高等特点，但对于一些细节比较丰富的图像，压缩效果会受到影响。

（2）MP3 压缩算法

MP3 压缩算法是一种基于子带滤波和 MDCT 变换的音频压缩算法。该算法可以将音频数据进行分带滤波和 MDCT 变换，并对变换系数进行量化和编码，从而实现音频数据的压缩。MP3 压缩算法具有压缩率高、适用于音频压缩、压缩后音质较好等特点，但对于一些特定类型的音频数据，压缩效果会受到影响。

（3）视频压缩算法

视频压缩算法主要包括基于运动估计的压缩算法和基于变换编码的压缩算法。基于运动估计的压缩算法可以通过对视频帧间的运动进行估计，实现视频的压缩。基于变换编码的压缩算法则是将视频数据进行离散余弦变换（DCT）或小波变换，并对变换系数进行量化和编码，从而实现视频的压缩。视频压缩算法具有压缩率高、适用于视频压缩、压缩后视频质量较高等特点，但对于一些动态比较丰富的视频数据，压缩效果会受到影响。

总体来说，数据压缩技术可以在绿色公路能耗统计监测平台中起到很大的作用，可以节省存储空间，提高数据传输效率，也可以降低能源消耗，实现绿色低碳的目标。在选择数据压缩算法时，需要考虑实际应用场景和需求，以实现最佳的压缩效果。同时，在实际应用中也需要注意数据压缩与解压缩的时间成本，避免影响系统性能。

五、数据一致性和完整性技术

数据一致性和完整性技术可以保证数据的一致性和完整性，避免数据错误或丢失。常用的数据一致性和完整性技术包括事务管理、锁定机制、数据校验等。

（一）数据一致性和完整性概述

数据一致性是指在多个数据源中的数据应该保持相同的状态和值，即数据的更新、插入和删除操作应该同步进行，从而确保数据的正确性和可靠性。数据完整性是指数据的完整性和准确性，确保数据没有被损坏、遗失或篡改。在绿色公路能耗统计监测平台中，保证数据的一致性和完整性是非常重要的，这对于平台的可靠性和稳定性有重要的作用。

（二）数据一致性和完整性的实现

1. 数据库事务

数据库事务是指对数据库中一组操作的一致性执行，事务可以确保数据的一致性和完整性，同时可以避免数据丢失或错误。在绿色公路能耗统计监测平台中，可以采用数据库事务来实现数据的一致性和完整性，保证多个操作同时执行时的数据一致性和完整性。

2. 数据库锁

数据库锁是指在数据访问过程中对数据进行锁定，防止多个事务同时修改或读取同一个数据，保证数据的一致性和完整性。在绿色公路能耗统计监测平台中，可以采用数据库锁来实现数据的一致性和完整性，防止数据被同时修改或读取。

3. 数据库触发器

数据库触发器是指在数据库操作过程中，当满足某些特定条件时自动触发的一种机制。在绿色公路能耗统计监测平台中，可以利用数据库触发器来实现数据的一致性和完整性，当数据被修改时自动触发相应操作，保证数据的一致性和完整性。

4. 数据备份和恢复

数据备份和恢复是指将数据存储在备份设备中，以防数据丢失或损坏。在绿色公路能耗统计监测平台中，可以采用数据备份和恢复来保证数据的一致性和完整性，确保出现意外情况时能够快速恢复数据。

（三）注意事项

在实现数据一致性和完整性时，需要注意以下 9 点：

①数据库设计的合理性和规范性，保证数据结构的正确性和一致性。

②采用合适的数据库事务、锁、触发器等机制，确保数据的正确性和可靠性。

③建立完善的数据备份和恢复机制，防止数据丢失或损坏。

④做好数据安全和权限控制，保证数据的保密性和可靠性，防止未经授权的访问和数据篡改。

⑤对系统进行定期维护和升级，及时发现并修复潜在的问题，确保系统的稳定性和可靠性。

⑥定期进行数据检查和修复，避免数据错误和不一致性的积累。

⑦建立完善的数据管理流程和规范，明确数据处理的责任人和流程，确保数据处理的正确性和可靠性。

⑧对用户进行培训和教育，提高其对数据一致性和完整性的认识和重视程度，使数据的正确性和完整性得到有效保障。

⑨数据一致性和完整性技术是绿色公路能耗统计监测平台中非常重要的技术之一，它可以有效保障数据的正确性和可靠性，为平台的高效运作和可持续发展提供重要保障。

总的来说，数据存储和管理技术在绿色公路能耗统计监测平台中起重要的作用，能够保障数据的安全性和可靠性，提高数据的存储和传输效率，为能源管理和环境保护提供有力的数据支撑。

第五章　绿色公路能耗统计监测平台应用

第一节　能耗数据采集与处理

绿色公路能耗统计监测平台需要采集和处理大量的能耗数据，以实现对能源消耗的监测和管理。具体的能耗数据采集与处理技术主要包括以下几个方面。

一、数据采集系统

数据采集系统可以对传感器采集到的数据进行处理和汇总，形成完整的能耗数据。数据采集系统可以通过无线传输或有线传输的方式将采集到的数据传输至数据处理中心。

（一）数据采集系统概述

数据采集系统是对现场的数据进行采集、传输和处理的系统，是绿色公路能耗统计监测平台的核心部分。数据采集系统主要由数据采集设备、通信设备、数据处理中心组成，其功能包括数据采集、数据传输、数据处理、异常检测等。数据采集系统可以实时采集公路边坡的能耗数据，并将采集到的数据进行预处理和汇总，生成可供分析、展示和查询的数据报告。

（二）数据采集系统的组成

1. 数据采集设备

数据采集设备主要是指用于采集能耗数据的设备，包括各种传感器、数据记录器、控制器等。不同类型的数据采集设备可以采集不同类型的能耗数据，如太阳能发电系统的采集设备包括太阳能电池板、逆变器、电池组等。

2. 通信设备

通信设备是数据采集系统的重要组成部分，其作用是将采集到的数据传输至数据处理中心。通信设备通常采用无线传输或有线传输的方式，常见的通信设备包括无线传感器网络、蓝牙、Wi-Fi、GPRS 等。

3. 数据处理中心

数据处理中心是数据采集系统的核心，主要负责对采集到的数据进行处理、存储和管理。数据处理中心可以采用关系型数据库或非关系型数据库进行数据存储和管理，通过处理和分析数据，生成能耗数据报告，以帮助公路管理部门和相关利益相关方做出决策。

（三）数据采集系统的工作流程

数据采集系统的工作通常包括以下 5 个步骤：

①数据采集：数据采集设备采集边坡能耗数据，包括能耗数据的类型、数量、时间等。

②数据传输：采集到的数据通过通信设备传输至数据处理中心。

③数据处理：数据处理中心对采集到的数据进行处理和预处理，并将其转化为可用的格式。

④数据存储：数据处理中心将处理后的数据存储至数据库中，以备后续分析和查询。

⑤数据分析：数据处理中心对存储的数据进行分析和统计，生成能耗数据报告，以便公路管理部门和相关利益相关方做出决策。

（四）数据采集系统的优势和应用

1. 优势

数据采集系统可以实现对边坡能耗数据的实时采集和处理，为公路管理部门和相关利益相关方做决策提供依据，它具有以下优势：

（1）实时监测

数据采集系统可以实时监测边坡的能耗数据，对能耗情况进行及时反馈和调整，提高能源利用效率和节能减排效果。

（2）准确性

数据采集系统可以实现对能耗数据的精准采集和处理，避免人工数据采集的误差和偏差，提高能耗数据的准确性和可靠性。

（3）节约成本

数据采集系统可以实现自动化数据采集和处理，节约人力和物力成本，降低能源管理的运营成本。

（4）数据共享

数据采集系统可以实现数据共享，将能耗数据共享给公路管理部门和相关利益相关方，为公路能源管理和决策提供重要数据支持。

2. 应用

数据采集系统在公路能源管理中的应用主要包括以下方面：

（1）能耗数据采集和处理

数据采集系统可以对边坡能耗数据进行采集和处理，为能源管理和决策提供数据支持。

（2）能耗监测和反馈

数据采集系统可以实现对边坡能耗情况的实时监测和反馈，为能源管理和调整提供决策依据。

（3）能耗分析和优化

数据采集系统可以对能耗数据进行分析和优化，提高能源利用效率和节能减排效果。

（4）数据共享和协同

数据采集系统可以实现数据共享和协同，加强公路管理部门和相关利益相关方之间的信息交流和合作，共同推进公路能源管理工作的开展。

二、数据处理与分析

数据处理与分析是能耗数据采集的重要环节，通过对采集到的能耗数据进行处理和分析，可以得出能源消耗情况的详细信息，为能源管理提供决策支持。数据处理与分析技术包括数据清洗、数据挖掘、数据建模等。

（一）数据清洗

数据清洗是指识别和处理数据中的错误、缺失、重复等问题，使数据变得规范、干净、可靠。在绿色公路能耗统计监测平台中，数据清洗的主要目的是确保数据的准确性和可靠性，避免数据分析师因数据质量问题做出错误结论。数据清洗包括以下几个步骤：第一，数据收集。收集需要清洗的数据，并进行初步的数据质量评估。第二，数据预处理。将数据转化为统一的格式，删除无用信息和重复数据，进行缺失值的填充和异常值的处理等。第三，数据整合。将多个数据源的数据整合在一起，建立一个统一的数据仓库。第四，数据质量检查。对清洗后的数据进行质量检查，以确保数据的准确性和可靠性。

（二）数据挖掘

数据挖掘是指从大量的数据中发现隐藏的关系和规律的过程。在绿色公路能耗统计监测平台中，数据挖掘的主要目的是寻找能耗管理的规律和趋势，为能耗管理决策提供支持。数据挖掘包括以下几个步骤：第一，数据选择。选择需要挖掘的数据集，包括数据清洗和整合后的数据。第二，数据预处理。对数据进行归一化、标准化、离散化等处理，以提高数据挖掘的效率和精度。第三，数据挖掘。通过聚类分析、关联规则挖掘、决策树分析等技术，从数据中挖掘出相关规律和趋势。第四，结果评估。对挖掘结果进行评估和验证，确保结果的可信度和有效性。

（三）数据建模

数据建模是指将数据转化为数学模型的过程，以便进行预测、优化和决策。在绿色公路能耗统计监测平台中，数据建模的主要目的是为能耗管理决策提供科学依据。数据建模包括以下 6 个步骤：

①数据准备：选择需要建模的数据集，进行数据清洗和挖掘，得到高质量的数据集。

②特征提取：根据需求，对数据集中的特征进行选择和提取，筛选出对模型预测有意义的特征。

③模型选择：根据需求和数据特征选择合适的模型，如线性回归模型、决策树模型、神经网络模型等。

④模型训练：使用选定的算法对数据集进行训练，得到一个预测模型。

⑤模型评估：对训练好的模型进行评估，评估模型的预测能力和准确度。

⑥模型应用：将训练好的模型应用于实际数据中，进行预测和优化。

数据建模在绿色公路能耗统计监测平台中的应用包括：基于历史数据和其他相关因素，预测未来的能耗趋势，为能源管理提供决策支持；根据公路的路况、气象条件、交通流量等因素，建立能耗优化模型，实现能源的最优利用；根据公路设施和设备的运行数据，建立故障预测模型，预测设施和设备的故障，提高公路设施和设备的运行效率和安全性。

数据建模技术在绿色公路能耗统计监测平台中的应用，可以帮助公路管理部门实现对公路能耗的预测和优化，提高能源利用效率和节能减排水平。

三、数据可视化技术

数据可视化技术是将处理后的数据呈现在用户面前的一种手段，通过可视化技术可以将烦琐的能耗数据以图表、报表、地图等形式展现，使用户能够更加直观地了解能源消耗的情况，从而更加有效地进行能源管理和节能减排。数据可视化技术包括图表展示、地图展示、实时监控等。

（一）可视化工具

数据可视化工具是实现数据可视化的关键。在绿色公路能耗统计监测平台中，常见的可视化工具包括：

1. Tableau

Tableau 是一款常用的数据可视化工具，它可以将数据转换为交互式的图表和报表。Tableau 具有丰富的可视化效果和可定制性，能够快速生成各种类型的图表和报表，并支持多种数据源。

2. Power BI

Power BI 是微软开发的一款数据可视化工具，它可以将数据转换为交互式的图表、仪表盘和报表。Power BI 具有丰富的可视化效果和可定制性，能够快速生成各种类型的图表和报表，并支持多种数据源。

3. D3.js

D3.js 是一款基于 JavaScript 的数据可视化工具库，它可以帮助用户实现交互式的、动态的、高度可定制的数据可视化效果。D3.js 具有强大的数据处理和可视化能力，适用于处理大量的数据和复杂的数据可视化需求。

4. Highcharts

Highcharts 是一款基于 JavaScript 的数据可视化工具库，它可以帮助用户创建各种类型的图表和报表。Highcharts 具有简单易用、高度可定制、支持多种数据源等特点。

（二）可视化方法

数据可视化方法是指将数据可视化工具应用到实际场景中，用于展示数据的特征和规律。在绿色公路能耗统计监测平台中，常见的可视化方法包括：

1. 折线图

折线图是一种常见的数据可视化方法，它可以展示数据随时间变化的趋势和规律。在绿色公路能耗统计监测平台中，可以使用折线图展示不同时间段的能耗数据，以便管理人员更好地了解公路能耗的变化趋势和规律。

2. 柱状图

柱状图是一种常见的数据可视化方法，它可以展示不同类别的数据之间的比较和差异。在绿色公路能耗统计监测平台中，可以使用柱状图展示不同路段、不同时间段或不同能源类型的能耗数据，以便管理人员更好地了解公路能耗的分布和差异。

3. 地图可视化

地图可视化是一种常见的数据可视化方法，它可以将数据以地理位置的形式展示出来，便于管理人员进行空间分析和决策。在绿色公路能耗统计监测平台中，可以使用地图可视化展示不同路段的能耗数据，以便管理人员更好地了解公路能耗的空间分布和规律。

4. 热力图

热力图是一种常见的数据可视化方法，它可以将数据以颜色的形式展示出来，便于管理人员进行强度分析和决策。在绿色公路能耗统计监测平台中，可以使用热力图展示不同路段、不同时间段或不同能源类型的能耗强度数据，以便管理人员更好地了解公路能耗的强度分布和规律。

5. 其他可视化方法

除了以上几种常见的数据可视化方法外，还有许多其他的可视化方法可以应用到绿色公路能耗统计监测平台中，如雷达图、饼图、散点图等，以展示不同类型的能耗数据和规律。

四、在线监测技术

为了做好高速公路运营期环境、气象、能耗的在线监测，保证行车安全、提升服务功能、减少碳排放，针对高速公路运营期的空气、水、噪声等环境污染问题，气象灾害导致的交通事故问题，运管养护能源消耗量大问题，提出建立绿色高速公路在线监测技术体系。

（一）高速公路运营期环境监测技术

高速公路运营过程中的环境污染主要包括道路沿线的粉尘、汽车尾气、噪声污染和沿线产生的水污染。对高速公路运营期进行环境监测，能够了解运营期生产活动对环境造成的影响，为污染治理及管理等工作提供基础和保障。

1. 运营期空气环境监测

高速公路运营期空气污染源主要是粉尘、汽车尾气及服务区等固定场所产生的废气等。高速公路空气污染对人员的身体健康造成严重威胁。应在污染严重区域安装环境在线监测仪器，对空气环境进行有效监测、实时预警，进而为交通控制政策的制定提供参考依据。

（1）监测指标

高速公路运营期空气环境监测项目一般包括颗粒物以及气态污染物。其中，颗粒物主要为总悬浮颗粒物（TSP）、可吸入颗粒物（PM10）和细颗粒物（PM2.5）；气态污染物主要为一氧化碳（CO）、氮氧化物（NO_x）和二氧化硫（SO_2）。

（2）监测布点选择

高速公路运营期环境空气监测点位，应基于道路交通流运行状态，设置在固定场所、交通拥堵路段和生态环境保护路段，结合实际需求进行点位布置。

（3）监测系统

高速公路监测系统需具有监测范围广、监测位置可灵活移动、实时准确反馈环境信息的特点。常用的监测手段有遥感监测、GIS 监测和物联网手段监测，再结合监测信息系统实现对现场某些特定污染物质浓度的实时监测、数据采集传输、结果分析处理，对空气环境状况进行模拟和控制。

2. 运营期水环境监测

高速公路运营期对水环境的影响，主要包括收费站、服务区的生活污水，路面径流污水及养护、维修过程中产生的有害物质。开展水环境监测，能够尽早发现水质的异常变化，迅速做出预警预报，及时控制水质污染扩散。

（1）监测指标

主要监测指标包括 pH、COD、氨氮、悬浮物、石油类等。除了上述 5 项外，还需根据不同的污水类型测定 BOD_5、溶解氧、总磷、总氮、磷酸盐等。

（2）监测布点选择

高速公路水环境监测点主要包括服务区、收费站等污水排放口，道路沿线雨水、径流收集系统，以及高速公路跨越的敏感水体。可结合水污染频率、水体保护等级等具体需求设置布点数量。

（3）监测系统

采用水质在线监测系统进行监测，该系统通常由采样设备、废水在线监测仪器、数据采集设备、数据传输设备和终端接收设备组成。在设备选择时，需基于污水成分分析，选择有针对性的监测仪器。

3. 运营期声环境监测

噪声污染是高速公路的一项重大环境问题。开展运营期声环境监测工作，能够更好地了解环境噪声水平和达标情况、掌握高速公路噪声时间和空间分布特性以及声屏障的降噪效果，为高速公路运营管理行车限速、优化声屏障等决策提供依据。

（1）监测指标

一般在公路两侧 10m、30m、60m、90m 处进行昼间和夜间的等效声级同步监测 Lmax、L10、L50、L90、SD 等参数。

（2）监测布点选择

噪声监测点主要布设在沿线村庄及声屏障等。应基于声敏感点调查结果和环评预测值，通过实地监测核查确认，选择符合实际需要的监测点位。在布点数量上，应充分考虑仪器功能、监测范围、环境等因素和实际需求，保证覆盖监测区全范围噪声。

（3）监测系统

噪声在线监测系统应用广泛，宜选择远程无线监测系统，实现数据实时测量、回传、报警和综合分析。

（二）高速公路运营期气象监测技术

恶劣气象条件会使交通运输、人的生命财产安全等产生严重损害，获取及时准确的气象信息十分重要。充分利用高速公路气象监测技术，掌握各种天气状况，联合可变情报板等及时发布预警，为调节照明、除冰融雪等养护工作的指挥调度提供有效技术支持。高速公路气象监测技术包含省级气象监测网络系统和路面状况监测技术。

1. 气象监测网络系统

（1）高速公路沿线气象监测站选址

第一，充分考虑地理条件，在“团雾”多发地段加密安装气象监测站；第二，密度应满足低能见度预警和临近预报要求；第三，综合考虑经济投入与效益。

（2）气象监测站采集类型及指标

结合监测指标需求选择合适的气象监测站产品类型，如 AMS- Ⅱ可实现对高速公路沿线的气温、湿度、风向、风速、雨量等自动监测，并将实时采集的各种数据传输到数据处理应用中心。

（3）气象监测网络构建

高速公路气象监测系统网络结构，主要基于沿线的气象监测站采集气象数据，通过 CDMA 无线通信方式将监测资料传输到监控管理中心，并将数据导入气象局和高速公路指挥中心的服务器数据库。

高速公路和气象部门设置若干个终端工作站，可收到实时的气象监测数据、气象灾害的预警和预报等信息，同时，可在高速公路的各类信息显示终端（如情报板、监控终端等）上显示、查询、发布。

2. 路面状况监测技术

高速公路路面状况监测技术，主要监测路面的表面温度、干湿状况、结冰等指标，并进行灾害预警预报。

（1）路面状况监测设备与结冰预警模型

路面状况监测设备主要有埋入式和遥感式两类。埋入式采用水膜、冰点检测、温度和冰雪检测等传感器，监测参数多、测量精度高，是高速公路路面状况监测设备的首选。遥感式采用多光谱测量技术，监测道路表面结冰、积雪、积水厚度、路面温度及湿滑系数指标，具有不破坏原路面、安全方便、监测范围广、维护量少的优点。

路面状况主要与温度、降雨量及风速等有关系，结合气象监测预报数据和路面监测数据，建立路面状况的时间预测模型，提前进行道路结冰预警预报。常用的预警模型有基于多变量多项式统计模型的时间预测模型及基于支持向量机 SVM 的时间预测模型两种。

（2）高速公路气象监测软件系统平台

结合气象监测网络系统得到的省级平台气象局数据及路面状况监测及预警预报，建立高速公路气象监测软件系统平台，实现系统数据库开发、路面状况评价系统分析、路面状况预警信息发布、路面状况处置建议四大功能。

（三）高速公路运营期能耗监测技术

高速公路运营期消耗大量能源，开展高速公路运营期能耗监测、综合分析能源结构、做好能耗预警与预测，能够深化管理部门的节能减排工作，提高能源利用效率、优化能源消费结构、降低碳排放。能耗监测技术采用智能远程电表、水表、风光互补控制器设备进行基础数据采集，并同步传输到能耗监测系统平台，进行记录和统计分析。

1. 能耗监测指标

高速公路运营期在线监测的能耗项目主要为用电量、用水量及其他能源用量，如用油量、燃气量、用煤量、养护原料等。

2. 能耗监测布点选择

能耗监测区域主要为高速公路主线沿线和综合服务中心，其中，高能耗场所主要是隧道、收费站、运营管理中心、服务区、集中居住区。沿线监测范围包括照明、监控及交通量检测设备、可变情报板和交通信号。综合服务中心监测范围包括综合服务楼、维修中心、养护中心、加油站及充电桩、广场区域照明及监控等。

3. 能耗系统

高速公路运营期能耗监测系统包括数据采集设备和能耗监测分析平台。数据监测采集利用智能远程电表、水表、风光互补控制器等监测设备进行公路主线沿线和综合服务中心的数据采集。能耗分析平台基于能耗数据，进行能耗结构分析、强度分析、走势预测和监测报警，基于能耗结构、强度、走势预测分析输出能耗综合分析报告，包括能耗数据报表、能源成本报表、能源质量管理报表、能源供需计划报表、能耗综合报表等。

第二节　能耗分析与评价

能耗分析与评价是绿色公路能耗统计监测平台的一个重要环节，它可以帮助相关部门对路段的能耗情况进行全面的了解和评估，为制定科学合理的能源管理政策提供依据。

一、能耗分析的方法

（一）能源流分析法

能源流分析法是目前较常用的能耗分析方法之一，它是根据物质守恒原理，通过对能源流动路径进行分析和计算，得出能源在各个环节的消耗情况，以及不同环节的能耗比例和能效水平等信息。能耗分析的方法主要包括以下几种：

1. 能耗比较分析法

能耗比较分析法是将不同时间段或不同地点的能耗数据进行比较和分析，以找出能耗的变化趋势和规律，并发现存在的问题。通过能耗比较分析，可以确定能源消耗的大致结构和变化趋势，进而制定相应的节能措施。

2. 能耗占比分析法

能耗占比分析法是将能耗按不同能源种类或不同部位进行分类，并计算出每种能源或部位在总能耗中的占比。通过能耗占比分析，可以了解不同能源或部位的能耗情况，发现存在的问题，并制定相应的节能措施。

3. 能耗结构分析法

能耗结构分析法是将能耗按不同产业、不同设备或不同工序进行分类，分析每个产业、设备或工序的能耗结构，以找出存在的问题，并制定相应的节能措施。

4. 能耗动态分析法

能耗动态分析法是将能耗按时间序列进行分析，以了解能耗的变化趋势和规律，发现存在的问题，并制定相应的节能措施。

5. 能耗绩效分析法

能耗绩效分析法是将能耗与产出进行比较，计算出能耗绩效指标，以评价能源使用效率和节能减排效果。通过能耗绩效分析，可以评估能源使用效率和节能减排效果，并制定相应的改进措施。

（二）能量平衡法

能量平衡法是基于热力学原理，通过能量收支的平衡关系，对能源在系统中的分布和消耗情况进行分析。该方法对于能源流程比较明显的系统，如制造业、能源生产等领域，具有较高的适用性。

能量平衡法是一种常用的能耗分析方法，它通过建立能量平衡方程，对系统内的能量输入、输出和转换进行分析和计算，从而确定系统的能量平衡和能量利用效率。能量平衡法适用于各种能源系统和过程，包括燃烧过程、发电系统、加热和制冷系统等。

能量平衡法的基本原理是能量守恒定律，即在封闭系统内，能量的总量是恒定的。能量平衡方程的基本形式为：

能量输入 = 能量输出 + 能量转换

其中，能量输入包括外部能源输入和内部能源转化；能量输出包括系统对外部的能量输出和内部能量损失；能量转换包括内部能量转换和外部能量转换。通过对能量平衡方程的计算，可以得到系统内能量的输入、输出和转换情况，进而分析和评估能量利用效率，找到能量损失和浪费的原因，提出相应的改进措施。

在能耗分析中，能量平衡法可应用于公路照明、加热和制冷系统等能源消耗过程的分析和评估。例如，在公路照明系统中，可以通过建立能量平衡方程，计算照明灯具的能量输入、输出和转换，评估灯具的能量利用效率，并根据分析结果采取相应的节能措施，如更换高效节能灯具、采用智能照明系统等，以实现公路能耗的节约和环保。

（三）能源统计法

能源统计法是一种常用的能耗分析方法，通过收集和整理各种能源的用量数据，计算出各种能源的消耗量和能耗比例，从而对能源的使用情况进行分析和评价。在能源管理中，能源统计法被广泛应用于企业和机构的能源管理、建筑能耗管理、交通运输能耗管理等方面。

1. 能源统计法的原理

能源统计法是基于统计分析的能耗分析方法，其原理是通过对能源消耗数据进行统计和分析，了解能源使用情况和能源消耗规律。能源统计法的核心是能源消耗数据的采集和整理，以确保数据的准确性和完整性。通过对能源消耗数据的分析，可以找出能源消耗的主要来源和具体情况，从而制定相应的能源管理措施，提高能源利用效率。

2. 能源统计法的步骤

能源统计法的步骤主要包括能耗数据的采集、数据的整理、数据的分析和评估、制定能源管理措施等。

（1）能耗数据的采集

能耗数据的采集是应用能源统计法的第一步，主要包括能源消耗的种类、数量、时间、地点等方面的数据。能耗数据的采集可以通过人工抄表、自动监测、智能电表等方式进行。

（2）数据的整理

数据的整理是能源统计法的关键步骤，它可以保证数据的准确性和完整性。数据的整理包括数据的归类、清洗、汇总等方面的工作。

（3）数据的分析和评估

数据的分析和评估是能源统计法的核心步骤，它可以分析能源消耗的主要来源和具体情况，评估能源的使用效率和成本效益。

（4）制定能源管理措施

根据数据的分析和评估结果，制定相应的能源管理措施，包括降低能耗、提高能效、推广新能源等方面的措施，以实现能源的可持续利用。

3. 能源统计法的应用

能源统计法在能源管理中被广泛应用，包括企业和机构的能源管理、建筑能耗管理、交通运输能耗管理等方面。在绿色公路能耗统计监测平台中，能源统计法可以用于公路能源的使用情况分析和评估，为公路能源管理提供科学依据。

二、能耗分析的步骤

能耗分析是对能耗数据进行处理和分析，以揭示能耗的规律、趋势和影响因素。其主要步骤包括数据收集、数据预处理、能耗分析等。

（一）数据收集

数据收集是能耗分析的第一步，也是最基础的步骤。数据收集的方法和手段主要包括以下几种：

1. 手动记录

手动记录是最基本的数据收集方法，一般通过人工巡查、实地观察和抽样调查等方式获取数据。该方法简单易行，适用于少量数据的收集，但容易出现误差且有不确定性。

2. 传感器采集

传感器采集是一种自动化的数据收集方法，可以实时采集能耗数据。通过在公路设施上安装传感器，例如路灯、交通信号灯、充电桩等设备，可以实现能耗数据的自动化采集。该方法适用于大量数据的收集，其可靠性高。

3. 电力监测系统

电力监测系统是一种专门用于能耗数据采集的系统，可以实时监测公路设施的用电情况，并对能耗数据进行分析和报告。电力监测系统可以自动采集大量数据，同时可以与其他系统进行数据交互和共享。

（二）数据预处理

数据预处理是能耗分析的第二步，它是数据分析的基础，能够消除数据中的异常值和噪声，并对数据进行标准化和规范化处理。数据预处理的主要步骤包括数据清洗、数据集成、数据转换和数据规范化等。

1. 数据清洗

数据清洗是对数据中错误、缺失、重复和异常的值进行处理的过程。通过数据清洗，可以保证数据的质量和可靠性，避免数据错误和偏差对能耗分析结果的影响。

2. 数据集成

数据集成是将来自不同数据源的数据进行整合的过程。通过数据集成，可以将不同来源的数据整合到一个数据集中，方便对数据进行处理和分析。

3. 数据转换

数据转换是将原始数据转换为更方便进行分析的形式的过程。例如，将时间数据转换为不同的时间段或将数据进行归一化处理等。

4. 数据规范化

数据规范化是将数据调整为特定范围或标准的过程，以便进行比较和分析。例如，将数据转换为百分比、标准化分数或归一化数据等。

（三）能耗分析

能耗分析是对预处理后的能耗数据进行分析、解释和评估的过程，以获取有关能源使用情况和能源效率的信息。在绿色公路能耗统计监测平台中，能耗分析是实现能源管理和优化的重要环节，其分析结果可为管理决策提供依据。

能耗分析的步骤通常包括以下几个方面：

1. 确定能耗分析目标和范围

在进行能耗分析之前，需要明确分析的目标和范围，例如确定分析的时间段、公路区域和能源类型等。

2. 收集和预处理数据

收集与公路能耗相关的数据，例如公路交通量、车辆类型、天气状况、公路状态等。对数据进行预处理，例如数据清洗、数据转换和数据归一化等，以保证数据的准确性和可比性。

3. 能耗数据分析

对能耗数据进行分析，包括能源使用量、能源消耗率、能源效率等指标的计算和分析。采用统计学方法和数据挖掘技术，分析能耗数据的特征和规律。

4. 解释和评估结果

根据能耗分析结果，解释能源使用情况和能源效率的现状，并评估公路能源管理和优化的效果。根据评估结果，制定改进措施和优化方案。

5. 输出分析报告

将能耗分析结果输出为分析报告，包括分析目标、数据来源和分析方法等，以便管理决策和公众了解能源使用情况和优化效果。

总之，能耗分析是绿色公路能耗统计监测平台非常重要的环节，能为能源管理提供科学依据和支持。

三、能耗评价的指标

能耗评价指标是对能源使用效率和节能减排效果进行量化评估的指标体系，是能耗管理决策的重要依据。在绿色公路能耗统计监测平台中，常用的能耗评价指标包括能源利用率、能源消耗比例、能源消耗强度、能源节约率等。

（一）能源利用率

能源利用率是指在一定时间内，所利用的能源与能源总量之间的比例关系，它是衡量能源利用效率的重要指标。能源利用率的高低不仅关系能源的节约和保护，还直接影响经济效益和环境保护。在绿色公路建设和运营中，能源利用率的提高也是实现绿色公路目标的重要途径之一。

能源利用率的计算方法：

能源利用率 = 能源实际利用量 / 能源总量

其中，能源实际利用量是指实际使用的能源量，能源总量是指能源在一定时间内的总消耗量。能源利用率的计算方法可以根据实际情况进行调整，如用实际利用量除以实际需求量或实际生产量。

提高能源利用率的途径有以下 5 种：

1. 采用节能措施

节能是提高能源利用率的重要手段之一。在绿色公路建设中，可以采用多种节能措施，如采用高效节能照明系统、采用新能源代替传统能源、优化车辆管理等。

2. 采用智能化系统

智能化系统可以通过精细化的调度和管理，实现能源利用率的最大化。在绿色公路建设中，可以采用智能化交通管理系统、智能化照明系统等提高能源利用效率。

3. 加强监测和管理

加强对能源的监测和管理，及时发现能源利用效率低下的问题，并采取相应措施进行改进，是提高能源利用率的关键。在绿色公路建设中，可以建立能源监测系统，对能源利用情况进行实时监测和分析便及时发现问题并加以解决。

4. 推广新技术

推广新技术是提高能源利用率的重要手段。在绿色公路建设中，可以采用新能源车辆、新能源灯具等新技术提高能源利用效率。

5. 加强能源意识和培训

加强能源意识和培训，提高员工和公众对能源节约和保护的认识，是提高能源利用率的关键。在绿色公路建设中，可以开展能源保护宣传活动，加强对员工和公众的能源教育和培训，提高全社会对能源保护的认识和意识。

（二）能源消耗比例

能源消耗比例是指各种能源在能耗中所占的比例，通过对能源消耗比例的分析，可以确定能源消耗的结构和变化趋势。

能源消耗比例是指不同能源在总能耗中所占的比例。通过计算不同能源的消耗比例，可以了解能源结构的状况，为制定能源调控政策提供科学依据。

计算能源消耗比例的方法是先将各种能源的消耗量计算出来，再用它们除以总能耗量，即：

能源消耗比例 = 某种能源的消耗量 / 总能耗量

例如，在绿色公路能耗统计监测平台中，假设某段公路的总能耗量为 1000 千瓦时，其中燃油消耗能量为 400 千瓦时，电能消耗量为 300 千瓦时，太阳能消耗量为 100 千瓦时，风能消耗量为 200 千瓦时，则不同能源的消耗比例为：

燃油消耗比例 = 400 / 1000 = 40%

电能消耗比例 = 300 / 1000 = 30%

太阳能消耗比例 = 100 / 1000 = 10%

风能消耗比例 = 200 / 1000 = 20%

对能源消耗比例的分析可以为公路管理部门提供科学的能源结构调整建议，例如在分析中发现某种能源消耗比例较高，可以考虑采用更节能的替代能源或者优化使用方式，以降低能源消耗比例。

（三）能源消耗强度

能源消耗强度是指单位国内生产总值所需的能源消耗量，通常以吨标准煤 / 万元为单位，也指单位面积或单位产值的能源消耗量，通常以吨标准煤或千克标准煤当量表示。能源消耗强度是衡量一个地区或企业能源利用效率的重要指标之一，也是反映能源资源利用效率的重要经济指标之一。

能源消耗强度的计算方法如下：

能源消耗强度 = 能源消耗总量 / 单位面积或单位产值

能源消耗强度的单位通常是吨标准煤或千克标准煤当量 / 平方米或元 / 万元。

能源消耗强度的大小与经济发展水平、能源消耗结构、技术水平、能源价格等因素有关。在能源消耗强度高的地区或企业中，需要采取一系列措施提高能源利用效率，降低能源消耗强度，从而实现可持续发展。

提高能源消耗强度的方法包括：

①提高能源利用效率：采用先进的节能技术和设备，降低能源消耗。

②调整能源结构：优化能源结构，增加清洁能源的比例，降低对传统能源的依赖程度。

③提高技术水平：加强科技创新，提高技术水平，提高能源利用效率。

④加强管理：加强能源管理，制定能源节约措施，促进能源节约与环境保护。

⑤完善政策：完善能源政策，制定相关法规和标准，促进可持续发展。

（四）能源节约率

能源节约率是指节约的能源数量占总能源消耗量的比例，它反映了企业节能工作的效果。

能源节约率是指在实现同样的生产、服务或活动的过程中，通过采用更节能的技术、措施或管理方式等，减少能源消耗量的程度，一般用百分比表示。能源节约率是评估节能效果和节能成效的重要指标，可以反映能源使用效率的高低，同时也是企业实施节能技术和管理的重要标志之一。

在绿色公路能耗统计监测平台中，能源节约率的计算需要依赖能耗数据的收集和分析。计算公式如下：

能源节约率 =（1－节能后能源消耗量 / 节能前能源消耗量）× 100%

其中，节能前能源消耗量指在采取节能措施之前的能源消耗量，节能后能源消耗量指在采取节能措施之后的能源消耗量。

绿色公路能耗统计监测平台可以采用能耗数据统计分析功能，对公路的能源消耗情况进行实时监测和分析，进而确定节能措施和节能目标，并计算节能效果和节能成效。同时，平台可以根据数据分析结果提供能源管理建议和优化方案，指导管理部门制订可行的节能计划，提高公路的能源利用效率，降低能源消耗强度和成本。

四、能耗评价的方法

选择能耗评价方法时要综合考虑评价目的、可用数据和分析工具等因素，常见的能耗评价方法包括：

（一）能源流分析

能源流分析是指以物质和能量的物流和信息流为对象，分析和评价能源在生产和消费过程中的物流和能流情况，以及相关信息流的传递和控制。

（二）生命周期评价

生命周期评价是指从生产、使用、处理等各个环节对某一产品或服务的能耗和环境影响进行评价。

（三）综合评价

综合评价是指将多种评价方法综合使用，通过对能源利用效率、环境影响、经济效益等多个方面进行评价，综合分析企业或地区的能耗状况和节能潜力。

总体而言，能耗评价是企业或地区实施节能减排和可持续发展的重要手段，通过对能耗数据的采集、分析和评价，可以更好地发现问题、解决问题、提高效率和节能降耗，促进经济可持续发展。

第三节　环境监测与预警

环境监测与预警是绿色公路能耗统计监测平台的一个重要部分，它主要涉及对道路周边环境的实时监测、数据采集和预警处理等方面。通过环境监测和预警系统的建立和运行，可以有效地提高公路绿色能源的利用效率，保护周边生态环境，提高公路安全性和服务水平。

一、公路环境监测

环境监测的内容包括大气、水质、土壤、噪声、振动等方面。其中，大气环境监测主要涉及气象参数、气体污染物、颗粒物等指标的监测，可以实时反映道路周边空气质量状况；水质监测主要涉及水体中溶解氧、pH、化学需氧量、氨氮等指标的监测，可以实时反映道路周边水质状况；土壤监测主要涉及土壤酸碱度、有机质含量、氮磷含量等指标的监测，可以实时反映道路周边土壤状况；噪声和振动监测则主要涉及噪声、振动等指标的监测，可以实时反映道路周边环境噪声和振动状况。

（一）公路工程声环境监测的主要途径

1. 公路工程声环境监测的主要内容

公路环境监测中，声环境是监测的重要内容，主要是对施工场所造成的噪声污染、公路建设过程中以及完成后对于学校、医院等敏感保护目标周围的声音指标进行检测。

2. 公路工程声环境监测的地点

公路工程声环境监测的地点选择十分重要。在开展噪声检测的过程中主要是以 200m 范围内有声环境敏感目标存在的路基、路面。隧道主体工程的施工现场，在监测的过程中应当定位于对应地场界线的边缘处。同时重点对村庄、医院、学校等敏感地点进行声环境监测和分析。施工场所附近的学校是声环境质量监测的重点，最佳的监测点位应当在敏感建筑物前方 1m 和高 1.3m 的地方，在这个点位进行监测能够获得更准确的监测结果。

3. 公路工程声环境监测的细则

在开展公路工程声环境监测的过程中，应当遵循监测细则，这样才能够获得更好的监测效果。施工机械设备运转的每个敏感点每周都需要监测 1 次，每次监测时长为 1 天，白天和晚上各 1 次。在监测的过程中应当对监测点位连续检测 10min 以上，这样才能够获得更准确的监测数据。在声环境的敏感保护目标环境质量监测项目中，每周监测 1 次，每次监测时长为 2 天，白天监测 1 次、晚上监测 2 次。

（二）公路工程水环境监测的主要途径

1. 公路工程水环境监测的主要内容

公路工程环境监测中，水环境的监测对于公路的建设生态性和整体建设质量有十分重要的影响。主要监测内容包括水体质量和污水排放监测两个方面，其中针对敏感水体和水环境质量监测可以和施工期环境监测相结合。

2. 公路工程水环境监测的地点

在公路工程水环境监测的过程中，主要监测地点是施工过程中产生污水的点位，如施工营地、搅拌站、水泥预制厂等地点，在监测过程中主要对其排放的污水进行监测。采用这种监测方法能够保证在监测过程中获得更好的监测效果，获得更准确的信息。

3. 公路工程水环境监测的细则

公路水环境监测应当遵循监测过程中的监测细则，本文主要对水环境的监测项目和具体的监测措施进行研究和分析。在对公路工程水环境开展监测的过程中，主要监测项目有以下几种：pH、水中的溶解氧、化学需氧量、石油含量、油含量以及悬浮物含量。实际的监测工作可以根据具体的需要改变监测的项目和指标。在对公路工程水环境进行监测时，对于敏感水体的环境质量监测主要为桥梁下部枯水期每年监测 1 次，每次监测时长不得少于 2 天。同时在针对生活污水排放进行监测过程中，应当根据具体的建设环境开展监测，每半年监测 1 次，每次持续时间应当在 2～4 天，确保监测结果的准确性。

（三）公路工程空气环境监测的主要途径

1. 公路工程空气环境监测的主要内容

在对公路工程空气环境开展监测的过程中，主要监测内容包括区域大气污染物排放监测和空气敏感点监测两方面。实际监测中，可以将这两方面的内容进行合并监测，以求在监测过程中达到更好的效果。

2. 公路工程空气环境监测的地点

在对公路工程空气环境进行监测的过程中，应当选用合适的监测地点，主要对污染严重的拌制过程、沥青路面施工、路基建设及施工、建设过程中的粉尘污染进行分析。在监测过程中选择施工现场和施工便道 200m 范围作为敏感测试点，如村庄、学校、医院、拌和场、施工现场进行空气质量的监测。

3. 公路工程空气环境监测的细则

在开展公路工程空气环境监测的过程中，应当秉承相应的监测细则。监测项目有以下几个方面：空气中的悬浮物、沥青烟雾等进行监测和分析，确保其在安全和无污染的排放标准之内。在针对公路工程开展监测的过程中，应当每月 1 次进行空气质量的监测。在施工设备运转的过程中，应当在上、下午都进行相应的采样，每天的监测时间应当多于 12h。在对沥青烟造成的污染进行监测过程中，着重对搅拌和摊铺的过程进行研究和分析，这样能够确保获得的数据更准确。

（四）公路环境监测的发展思路

1. 充分开展施工期环境监测

要想提升监测的整体质量和数据的准确性，应当在监测过程中充分开展施工期的环境监测。建设项目环境管理工作十分重视前期影响评价和后期验收工作，但是对施工期的监测工作并不重视，这不利于监测效果的提升，不能为公路工程的建设提供有效的帮助。应当充分发展施工环境监测，在监测过程中提出相应的监测计划，并由监测单位进行监测，这样能够保证建设过程中更加具有环保效益，达到公路工程环境监测的目的。

2. 采用具有独立性的环境监测手段

在开展公路工程环境监测的过程中，应当采用具有独立性的环境监测方法和手段。在适当的时候，逐步推进这种监测方法。采用这种监测方法，能够获得更好的效果。要采用这种方法进行监测，就应当在开展建设之前配备相应的检测仪器和监测人员，将这些内容都纳入公路工程的整体建设成本中。通过工程环境监理工作的不断深入，相应的监测单位应当不断完善相应的环境监测仪器，配备专业的监测人员，这样能够更加独立和高效地对监理过程中的水、空气、声音等进行有效监测，减少建设单位对监测过程的影响，让监测结果更加具有客观性，满足公路工程建设环保要求。

3. 加强公路环境监测人员的培训

在开展公路工程环境监测过程中，需要专门的监测人员开展监测工作。专业人员能够更加熟练地使用监测设备，对各种监测指标有充分的了解。因此，在开展建设的过程中应当注重对监测人员的培训，不断提升其专业素质，对监测人员进行岗前培训，确保其合格之后再上岗开展工作。同时，制定相应的奖惩机制，这样能够提升监测人员的工作积极性，能够保证监测数据的客观性、在监测过程中获得更加准确的效果、为建筑工程建设环保性的提升提供更加准确有效的信息，为公路工程建设质量的提升提供借鉴和帮助。

二、绿色公路能耗统计监测平台的预警系统

预警是指在监测系统的基础上，通过对环境监测数据进行分析，及时发现环境异常情况并做出预警响应。例如，当某一监测指标超出设定阈值时，预警系统会自动发送预警信息给相关管理人员，以便及时采取措施进行环境治理和应急处理，保障公路绿色能源的可持续发展和周边生态环境的健康发展。

（一）预警系统的工作原理

绿色公路能耗统计监测平台的预警系统主要工作原理如下：

①数据采集与处理：通过传感器等设备对能耗数据进行实时采集和处理。

②异常检测：对采集到的数据进行实时监测和分析，通过算法检测出能耗异常情况。

③预警触发：当出现能耗异常情况时，预警系统会自动触发预警机制，发送预警信息给相关人员。

④预警处理：接收到预警信息的相关人员需要及时处理异常情况，采取相应措施进行修复和调整。

⑤预警记录和分析：预警系统会记录和分析预警情况，以便后续的优化和改进。

（二）预警系统的功能

绿色公路能耗统计监测平台的预警系统具有以下主要功能：

①能耗监测和异常检测：对能耗数据进行实时监测和分析，及时发现能耗异常情况。

②预警信息发送：当出现能耗异常情况时，预警系统可以自动发送预警信息给相关人员，以便及时处理。

③预警信息处理：接收到预警信息的相关人员需要及时处理异常情况，采取相应措施进行修复和调整。

④预警记录和分析：预警系统会记录和分析预警情况，以便后续的优化和改进。

⑤预警参数设置：预警系统可以设置预警参数，根据实际情况进行调整和优化。

（三）预警系统的优势

绿色公路能耗统计监测平台的预警系统具有以下优势。

1. 实时监测和预警

预警系统可以实时监测和预警能耗异常情况，及时采取措施，保障公路的安全和节能

减排效果。

2.智能化处理

预警系统采用智能化算法进行数据分析和处理，能够快速准确地发现异常情况。

3.降低人为失误

预警系统的自动化处理能够降低人为失误的风险，避免人为因素对能耗监测和预警产生的影响，提高数据的准确性和可靠性。

4.精细化管理

预警系统可以针对具体的能耗情况和公路条件进行定制化管理，实现精细化管理和优化决策。

5.降低成本

通过预警系统对能耗进行及时监测和预警，可以避免因异常情况产生不必要的能耗和成本，从而达到节能降耗的目的。

6.提升公路管理效率

预警系统可以帮助公路管理部门及时掌握公路能耗情况，并根据预警信息制定相应的管理措施，提高公路管理的效率和水平。

总之，环境监测和预警系统是绿色公路能耗统计监测平台的重要组成部分，可以帮助管理人员及时掌握公路周边环境的具体状况，并及时采取措施进行环境治理和应急处理，从而提高公路的服务水平和安全性，促进公路可持续发展。

第四节　能耗管理与优化

能耗管理是指通过对能源的监测、分析和优化管理，达到减少能源浪费、提高能源利用效率、降低能源成本的目的。在绿色公路能耗统计监测平台中，能耗管理主要包括以下几个方面。

一、能源设备运行监测与维护

能源设备运行监测与维护是绿色公路能耗统计监测平台的重要环节，通过对能源设备的运行状态进行监测和维护，保障能源设备的安全运行和节能效果。下面将从设备运行监测和设备维护两个方面进行详细介绍。

（一）设备运行监测

设备运行监测是指对能源设备进行实时监测，获取设备运行状态和数据，并对数据进行分析和处理，以发现设备运行异常情况，并采取相应措施，保障能源设备的安全运行和节能效果。

1.监测设备

设备运行监测需要监测的设备主要包括发电机组、输电线路、变电站等，需要选择合适的监测设备和传感器，如温度传感器、湿度传感器、电流传感器等。

2. 监测数据

设备运行监测需要监测的数据主要包括设备运行状态、能耗数据、设备故障报警等，需要选择合适的数据监测设备和数据采集系统，将采集到的数据传输至数据处理中心，进行实时分析。

3. 监测方法

设备运行监测的方法主要包括现场监测和远程监测。现场监测需要安装监测设备和传感器，在现场进行实时监测和数据采集；远程监测则采用无线传输或有线传输的方式，将采集到的数据传输至数据处理中心进行实时分析。

（二）设备维护

设备维护是指对能源设备进行定期维护和保养，及时排除设备故障，保障能源设备的安全运行和节能效果。

1. 维护方法

设备维护的方法主要包括定期检查、预防性维护、故障维修等。定期检查是指对设备进行定期的检查和维护，预防性维护是指根据设备使用情况进行预防性维护，故障维修是指对设备故障进行及时维修。

2. 维护措施

设备维护需要采取相应的维护措施，如更换设备零部件、清洗设备表面、检查设备接线等。需要选择合适的维护方法和维护措施，以保障设备的安全运行和节能效果。

3. 维护记录

设备维护需要做维护记录，记录设备的维护情况和维护日期，以便进行维护管理和追踪设备维护历史记录。

4. 维护培训

设备维护还需要进行相关的维护培训，以使维护人员掌握设备维护的技能和方法，提高维护效率和质量。

5. 设备更新和替换

设备维护也包括对设备的更新和替换。随着技术的不断发展，新设备不断出现，需要根据实际情况对旧设备进行更新或替换，以提高设备的能效和安全性能。

以上是能源设备运行监测与维护的基本内容，通过有效的设备监测和维护，可以提高设备的安全性和能效，降低能源消耗和污染排放，为绿色公路建设做出贡献。

二、能源管控与调度

能源管控与调度是指通过对能源设备和能源使用情况进行监控和管理，实现能源的高效利用和节能减排的目标。绿色公路能耗统计监测平台的能源管控与调度主要包括以下几个方面：

（一）能源计划制订和调整

能源计划是指对公路能源使用进行规划和管理，制订能源使用计划和指导方针。能源计划需要根据公路能耗情况、能源价格和需求情况等因素进行评估和制订，还需要根据能源使用情况和市场变化等因素进行动态调整。

（二）能源监测和数据分析

能源监测是指对公路能源使用情况进行实时监测和数据采集，以了解能源消耗情况和效率，并为能源管控提供数据支持。数据分析是指通过对能源监测数据进行分析，发现能源消耗的问题和优化空间，并制定相应的管控措施。

（三）能源管控措施实施

能源管控措施包括采用高效能源设备、推广节能技术、制定能源标准等，以降低能源消耗和提高能源利用率。能源管控措施需要根据实际情况和能源计划进行规划和实施。

（四）能源调度和管理

能源调度和管理是指根据能源使用情况和市场变化，对能源供应进行调度和管理，保障能源供应的安全和稳定。能源调度和管理需要结合能源计划和实际情况进行调整和管理。

三、隧道照明能耗监测及节能算法

公路隧道照明是保证隧道安全通行的关键因素，也是能源消耗的重要来源之一。为了降低公路隧道照明的能耗，需要采用能耗监测和节能算法。

（一）隧道照明设计的理论基础

隧道照明理论基础是开展隧道照明节能研究的前提，因此对隧道照明理论研究得是否深入对制定隧道照明节能方法至关重要。

1. 隧道概述

（1）隧道的定义

任何工程都与实际需求息息相关，最早的隧道工程便来源于当时的社会需求，当时科技与生产力普遍低下，早期的隧道工程可以为古代人们提供庇护场所，开凿出来的洞穴可以作为存储粮食的场所，进一步保障了当时人们的人身安全与财产安全。随着历史与科技的不断发展，新的时代有了新的需求，伴随不同需求的产生不同种类隧道应运而生。

在 1970 年，隧道国际会议上对隧道的定义进行了明确的规定，以某种用途在地面下按规定形状与尺寸修建的断面面积大于 $2m^2$ 的线状建筑物，称为隧道。隧道应用范围广泛，囊括公路、水路、民用和军用各个方面，因此又可以将隧道理解为将扩展到地下空间或室内洞穴的“地下通道”。

（2）隧道的分类

21 世纪前，建设隧道多以提高交通陆路运输或者水路运输的效率为目的，隧道的主要作用是改善交通运输条件（山川、江河障碍）、减少植被破坏、缩短里程、提高运输速度与能力、加强线路顺滑度、提高舒适率、节约运费且不易受外部环境以及天气情况影响，隧道提升了人们的出行体验，为人们的出行提供便利，推动了现代交通运输的发展。21 世纪后，不同类型、不同功能的隧道得到迅猛发展。

隧道存在多种分类方式，主要有以下 5 种：

①按隧道所处的地质条件：可以分为土质隧道和石质隧道。

②按隧道的长度：可以分为短隧道、中长隧道、长隧道、特长隧道，具体隧道长度与名称的匹配详见表 5-1。

表 5-1　隧道长度分类表

名称	短隧道	中长隧道	长隧道	特长隧道
隧道长度 /m	$L \leqslant 500$	$500 < L < 1000$	$1000 \leqslant 3000$	$L > 3000$

③按隧道所在位置：可以分为山岭隧道、水底隧道以及城市隧道。

④按隧道埋置的深度：可以分为浅埋隧道和深埋隧道。

⑤按横断面积分类：极小断面隧道、小断面隧道、中等断面隧道、大断面隧道以及特大断面隧道，详细内容见表 5-2。

表 5-2　隧道横断面积分类表

名称	极小断面隧道	小断面隧道	中等断面隧道	大断面隧道	特大断面隧道
隧道横断面积 /m^2	2~3	3~10	10~50	50~100	＞100

2. 公路隧道照明特点

公路隧道以开凿山川为主，主要是为了提高交通运输效率以及提高公众出行服务水平。但由于其隧道结构的特殊性，导致隧道内部照明亮度和外部光线亮度存在巨大差异，驾驶员在通过隧道时会感受到明暗交替变化，驾驶员的视觉适应性变得复杂。应对这种现象，在照明设计中，有必要综合考虑影响照明质量的各种因素，从而制定科学合理的照明方案。驾驶员在进出公路隧道时，需要一定时间来适应内部与外部亮度的差异，会存在以下几种视觉现象：

（1）黑洞效应与白洞效应

白天，在车辆驶入隧道时，由于光的特性，驾驶员会看到隧道口像一个黑黑的洞，即为隧道的“黑洞效应”；在驶离隧道时，外部环境光强大，隧道口看起来特别明亮，此为隧道的“白洞效应”。“黑洞效应”与“白洞效应”是引发隧道交通事故的重要原因之一。

（2）明适应与暗适应

光线由暗到明称为明适应，光线由明到暗称为暗适应，同样是在白天情况下，明适应与暗适应分别出现在驾驶员驶入隧道过程中以及驶出隧道过程中，在这两种情况下，驾驶员会感到视线模糊，需要一定时间适应光线的明暗交替变化，极易发生交通事故。

（3）适应滞后现象

在上述两种现象的前提下，眼睛对光线需要 8 ~ 10 秒的适应时间，才能够看清隧道内部情况（驾驶员驶入后）或者隧道外部情况（驾驶员驶出后），这种视觉上的滞后现象即为隧道的“适应滞后”效应。明适应需要大概 3 秒的时间，暗适应所需时间较明适应要长，通常需要 8 ~ 10 秒的时间。

由于存在上述现象，工程人员在进行隧道照明设计时会考虑人眼的适应能力，使得驾驶员视觉能够在隧道的行进过程中平稳过渡，国际上通常将隧道分为分段式结构，包括入口段、过渡段、中间段以及出口段。不同的隧道段落有不同的照明要求，其中入口段照明为了缓解隧道的“黑洞现象”，因此国内外学者对入口段照明进行的研究最多，与之对应的出口段照明要求则是为了应对隧道的“白洞现象”，过渡段照明以及中间段照明则是为了隧道照明亮度的平稳过渡。综上所述，高速隧道最显著的照明特点便是白天情况下也需要照明及分段式照明。

3. 隧道照明段需求分析

（1）公路隧道照明设计原则

隧道由于特殊的结构需要全天候照明，会受到交通因素、环境因素以及人文因素的多重影响，在进行照明设计时应遵循合理规划、科学设计、高效节能的原则，积极采用新技术、新方法、新结构、新材料以及新设备，达到隧道安全运营与绿色节能双赢的目的。

合理规划。隧道照明在进行照明设计时，应统筹规划，一次设计，分期实施；隧道工程的合理规划可以保障隧道的运营安全、减少初期投资、降低运营能耗。公路隧道照明还应考虑正常交通工况以及异常交通工况，遵循合理规划原则。

科学设计。在合理规划的基础上，隧道照明设计还应该进行科学设计，应保证合理的照明调光设计以及安全的照明指标（闪烁、诱导性），进行科学的频闪设计可以保证驾驶员的视觉舒适性与运行安全性，科学合理的应急照明设计可以在应急情况下提供可靠的隧道照明。

高效节能。隧道照明在保证运行安全的同时，还应遵循绿色照明的原则，合理使用智能照明系统，深入研究隧道照明节能方法，提高隧道的安全舒适性与环保节能效益。

除上述原则外，还需要根据不同的交通环境因素不断调整隧道的照明水平，提升高速公路隧道的照明质量，从而保证生命与财产安全。

（2）公路隧道照明控制要求

高速公路下科学合理的隧道照明控制方式可以有效地节约能耗，目前高速公路隧道照明控制方式主要有三种，较为传统的人工控制方式、可以根据传感器等设备进行调控的自动控制方式、基于自动控制方式的智能控制方式。

第一，人工控制方式。由于自身的局限性，会浪费大量人力、财力，由于控制方式落后，已经不能适应目前高速发展的隧道照明工程与高速公路交通运输的发展；第二，自动控制方式可以通过先进的照明调控，自动检测调光参数，进行隧道调光控制，方法较为符合现代隧道的照明系统，但由于回路限制，控制方法不能进行宏观调控；第三，智能控制方式是指应用智能方法（模糊控制、神经网络等技术）按照隧道调光参数进行无极调光，实现“自适应照明”。

目前国内大部分老旧隧道按时序控制的方式，在夜晚仍会按正常亮度照明，有的隧道划分照明等级，通过外界天气情况，隧道洞内执行对应的照明等级。随着人工智能的不断发展与进步，智能控制方法渐渐成为学者对高速公路隧道照明控制方式的研究目标。

（3）公路隧道照明光源选择

由于隧道照明设计具有高标准，隧道照明光源既要满足普通道路照明标准，又要保证为隧道提供足够的亮度，因此需要具备发光效率高、使用寿命长、高亮度、高穿透能力的节能环保光源。

据有关部门统计，在世界上应用在道路照明的所有灯具中，高压钠灯的占比为59%左右，随着对照明技术的深入研究，白炽灯、汞灯、钠灯等作为最初的光源已经不能满足国家强调的“节能减排”标准，LED灯作为新型绿色节能光源以绿色环保高效的优势逐渐开始投入隧道照明工程应用，新型光源的使用使得隧道照明技术不断取得新成就。

目前国内大部分隧道使用高压钠灯或者低压钠灯作为光源，由于钠灯具有光效高、寿命长、穿透性好的优点，适用于无显色要求的隧道，但由于灯具不能进行调光，因此会造成电能浪费；荧光灯一般应用于隧道的紧急停车带附近，但随着LED灯的不断研究发展，LED作为隧道光源显示出了自己独特的优势，包括照明方式、使用寿命等，最主要的是绿色环保，而且可以进行无极调光，更容易实现隧道照明灯具的光学特性，实现按需照明，在光源选择上相较于其他光源，LED光源具有极大的优先级。

4.公路隧道照明灯具选型与布置

（1）高速公路隧道照明灯具选型

隧道照明灯具的选择一方面需要考虑传统的配光、效率和防眩要求，另一方面需要考虑使用场所的特殊要求，由于隧道内时常渗水以及维护清扫时要使用高压水等，防水性非常必要。灯具选型具体需要考虑光学特性，例如配光曲线、有无眩光等；特殊环境条件，例如有灰尘、潮湿、雨雪、振动和化学腐蚀环境；外形颜色的协调性；经济性，如灯具发光效率、灯具寿命等。

结合公路隧道照明设计细则及其他技术文件要求，归纳整理得到了隧道照明灯具要求达到的技术参数，由于隧道灯具选择以LED作为照明光源，因此只考虑LED灯的技术参数：灯具效率≥70%、功率因数≥0.95；防尘防水等级≥IP65；防触电保护：I类；工作电压：额定电压的92%~106%；工作温度≤60℃；灯罩玻璃：耐热钢化玻璃，厚度≥5mm，透射≥86%；噪声功率级≤55dB（A）。

（2）高速公路隧道照明灯具布置

高速公路隧道内的灯具布置与高速路上的灯具布置没有太大区别，道路上的灯具一般有灯杆支撑，隧道内部有隧道墙壁结构，灯具选择壁装式安装。高速公路隧道内灯具的布置方式一般有四种类型，在具体的隧道设计中，各个照明段的灯具布置可以进行灵活组合，四种灯具布置类型特点如下：

中线布置：优点是投入资金少、隧道洞内的路面照度均匀、眩光相对较小；缺点是由于在道路中线上方布置灯具，施工维护时会影响隧道的交通。该灯具布置类型适合有一定高度、照明质量要求较高的隧道照明。

中线偏侧布置：优点是投资少、施工维护较方便，但维护时仍会对交通产生一定影响；缺点是路面、墙面的照度、均匀度不高。该种布置类型主要适用于净空高度较低、路面较窄且对非机动车道要求不高的隧道照明。

两侧交错布置：优点是路面与两侧墙壁的照度、均匀度较高，施工维护较为方便；缺点是“炫光”相对较大，会有“闪光”现象。该种布置类型一般适用于设计速度较低、设计交通量较小的隧道照明。

两侧对称布置：优点是眩光小，不易出现“闪光”现象，施工维护较方便，隧道内景观效果较好；缺点是灯具较少情况下，照度、均匀度差。该种布置类型一般适用于路面宽、车速高、车流量大的隧道照明。

（二）公路隧道照明能耗监测

隧道照明是保证道路交通安全的重要组成部分，也是耗能较大的设施之一。为了节约能源、降低成本、保障路面交通安全，需要对公路隧道照明能耗进行监测和管理。

1. 公路隧道照明能耗的构成

公路隧道照明能耗主要由以下 4 个方面构成：

（1）照明灯具的能耗

照明灯具是隧道照明系统的主要能耗组成部分，其能耗直接影响整个照明系统的能耗。

（2）照明控制设备的能耗

照明控制设备包括光电控制器、时间控制器、传感器等，它们的能耗也是隧道照明系统的重要组成部分。

（3）配电系统的能耗

配电系统包括变压器、开关、电缆等设备，其能耗也会对隧道照明系统的能耗产生影响。

（4）维护和管理的能耗

维护和管理隧道照明系统的能耗包括人工维护、保养、检修等方面的能耗。

2. 公路隧道照明能耗监测技术

为了对公路隧道照明能耗进行监测和管理，需要采用相应的技术手段，主要包括以下 3 种：

（1）传感器监测

通过在隧道内设置光照传感器、温度传感器等设备，实时监测隧道照明系统的运行情况，提高隧道照明系统的能耗管理水平。

（2）远程监控

通过互联网技术，实现对隧道照明系统的远程监测和控制，对照明系统的能耗进行实时监测和调整，提高照明系统的能效性。

（3）智能化管理

利用人工智能、大数据等技术手段，对隧道照明系统的能耗进行预测和分析，优化照明系统的运行策略，提高能耗利用效率。

3. 公路隧道照明能耗监测的意义

公路隧道照明能耗监测的意义主要体现在以下 4 个方面：

（1）节约能源

对隧道照明能耗进行监测和管理，能够及时发现隧道照明系统的能耗问题，并采取相应措施进行调整，从而节约能源，减少能源浪费，提高能源利用效率，实现可持续发展。

（2）提高安全性

公路隧道是车辆和行人行驶的密闭空间，照明系统对于隧道内的可见度和安全性至关重要。照明能耗监测能够及时发现照明系统故障，保障隧道内的照明质量和安全性。

（3）优化维护管理

隧道照明能耗监测可以提供实时的能耗数据，以及故障和维护信息。这些数据可以用于制订隧道照明的维护计划和预算，优化维护管理，延长设备寿命，降低维护成本。

（4）推动技术创新

照明能耗监测是一项复杂的技术工作，需要运用先进的传感器技术、数据采集和分析技术等。通过照明能耗监测的实践和研究，可以推动技术创新和发展，提高公路隧道照明的科技含量和水平。

公路隧道照明能耗监测具有重要意义，对于提高能源利用效率、保障隧道内的安全和优化维护管理都具有重要作用，也是推动公路隧道技术创新和发展的必要手段。

（三）公路隧道照明节能算法

随着科技的不断发展，公路隧道照明节能算法已经得到了广泛应用。这些算法可以通过智能化技术对隧道照明系统进行优化和管理，从而达到节能的目的。

1. 光电感应控制算法

光电感应控制算法是一种比较成熟的公路隧道照明节能算法。这种算法基于光电感应技术，通过在隧道入口和出口设置光电感应器，实现对隧道照明系统的控制。

具体来说，当车辆进入隧道时，光电感应器可以检测到车辆的存在，并向控制系统发出信号，控制系统会自动开启隧道照明系统。当车辆通过隧道并离开时，光电感应器也会检测到并向控制系统发出信号，控制系统会自动关闭隧道照明系统。这种算法可以有效地避免隧道照明系统在无车辆通过时浪费能源，从而实现节能的目的。

2. 自适应调光算法

自适应调光算法是一种通过智能化技术实现隧道照明节能的算法。这种算法基于隧道内部的光线强度，对隧道照明系统进行自动调节。

具体来说，当隧道内部的光线较强时，自适应调光算法可以自动调低隧道照明系统的亮度，从而减少能耗。当隧道内部的光线较弱时，自适应调光算法可以自动调高隧道照明系统的亮度，保证车辆行驶的安全。这种算法可以根据不同的时间、气候和交通状况等因素，实现隧道照明系统的智能化调节，从而达到节能的目的。

3. LED 灯光智能化控制算法

LED 灯光智能化控制算法是一种利用 LED 灯光的特性，通过智能化技术实现隧道照明节能的算法。这种算法基于 LED 灯光的可调光性，通过对 LED 灯光的亮度和色温进行调节，实现隧道照明系统的节能。

具体来说，当车辆行驶速度较快时，LED 灯光的亮度会自动调高，从而保证车辆行驶的安全。当车辆行驶速度较慢或停车时，LED 灯光的亮度会自动调低，从而达到节能的目的。此外，该算法还考虑了隧道内的光照需求，根据光照需求实时调节 LED 灯光的色温，使得隧道内的光照更加柔和，从而提高行车安全性和司机的视觉舒适度。

为了实现 LED 灯光智能化控制算法，需要安装传感器和控制器。传感器用于采集车辆的行驶速度和隧道内的光照情况，控制器则用于根据采集到的数据对 LED 灯光的亮度和色温进行控制。在算法的实现过程中，还需要考虑隧道的特性、不同时间段和不同气候条件下的光照需求等因素，以便得出更加准确和有效的控制策略。

采用 LED 灯光智能化控制算法可以实现隧道照明的节能和智能化，降低能耗，提高公路运行的效率和安全性。此外，该算法还具有应用范围广、实施成本低、可持续发展等优点。

第六章　绿色公路能耗统计监测平台优化

第一节　能耗预测与调度优化

能耗预测与调度优化是指通过对历史能耗数据的分析和建模，预测未来的能耗趋势，并根据预测结果进行调度和优化，以实现节能减排的目的。

一、能耗预测

能耗预测是指通过对历史能耗数据进行分析和建模，预测未来的能耗趋势和消耗量的过程。能耗预测在公路能耗管理中具有重要意义，它可以帮助管理者制订合理的能耗计划和政策，预测未来的能耗量和节能减排效果，提前制定节能减排措施，以便更好地实现能源的节约和减排目标。

（一）能耗预测的方法

能耗预测的方法主要包括时间序列分析、回归分析、神经网络分析等。

1. 时间序列分析

时间序列分析是指通过对历史数据进行分析和建模，预测未来数据的一种方法。在时间序列分析中，需要考虑时间因素的影响，通过对时间序列进行平滑处理、趋势分析和周期分析等，预测未来的能耗趋势和消耗量。

2. 回归分析

回归分析是指通过对能耗数据和相关因素进行建模，预测未来能耗的一种方法。在回归分析中，需要考虑各个影响因素的权重和相关性，通过对历史数据和影响因素的回归分析，预测未来的能耗趋势和消耗量。

3. 神经网络分析

神经网络分析是指通过对历史数据和相关因素进行训练，建立神经网络模型，预测未来能耗的一种方法。在神经网络分析中，需要考虑各个影响因素之间的复杂关系，通过神经网络的学习和训练，预测未来的能耗趋势和消耗量。

（二）能耗预测的步骤

能耗预测的步骤主要包括数据收集、数据预处理、模型选择、模型训练、模型验证和模型应用。

1. 数据收集

数据收集是能耗预测的第一步，需要收集历史能耗和相关因素的数据，如天气数据、交通流量数据、道路状况数据等。

2. 数据预处理

数据预处理是指对收集到的数据进行清洗和加工，以得到高质量的数据。在数据预处理中，需要对数据进行去噪处理、缺失值处理、异常值处理等，以便更好地应用于模型分析。

3. 模型选择

在选择能耗预测模型时，需要考虑预测目标、数据特征和分析要求等方面。常用的能耗预测模型包括时间序列分析、回归分析、人工神经网络、支持向量机等。

4. 模型训练

模型训练是指将历史数据输入所选的能耗预测模型中，通过拟合历史数据来确定模型的参数。在模型训练中，需要对数据进行划分，保留部分数据作为验证集，用于检验模型的预测效果。

5. 模型验证

模型验证是指对训练好的模型进行测试和评价，以验证其预测能力的准确性和可靠性。在模型验证中，需要对模型的预测结果进行评估，比较预测结果与实际情况的差异。

6. 模型应用

模型应用是指将训练好的模型应用于实际能耗预测场景中，对未来的能耗趋势进行预测和控制。在模型应用中，需要将模型与其他应用程序集成，实现自动化的能耗预测和控制，以提高能耗管理的效率和精度。

以上是能耗预测的主要步骤，需要根据具体情况灵活应用，以实现有效的能耗预测和控制。

二、能耗优化

通过对能耗数据的采集、统计和分析，识别出能源的高耗能环节和能耗异常情况，进而制定相应的节能优化措施，降低能源消耗。

（一）能耗数据分析

能耗数据分析是对能耗数据进行统计、分析和挖掘的过程，主要目的是为能源管理决策提供科学依据。能耗数据分析的步骤为：第一，数据收集与清洗。收集公路各个区域的能耗数据，并对数据进行清洗和去噪。第二，能耗数据的可视化。将能耗数据通过可视化工具，如折线图、柱状图等形式展示出来，以便进行数据分析。第三，能耗数据的分析。对能耗数据进行统计和分析，找出能耗数据中的规律和趋势。第四，能耗数据的挖掘。通过数据挖掘方法，如聚类分析、关联规则挖掘等方法，挖掘能耗数据中的潜在信息。第五，制定能源管理策略。基于能耗数据分析和挖掘的结果，制定能源管理策略，实现能源高效利用和节能减排的目标。

（二）能耗数据优化

能耗数据优化是指通过调整公路能源的使用方式和管理方式，实现能源高效利用和节能减排的目标。能耗数据优化的步骤主要包括以下 5 个方面：

1. 能耗分析与诊断

能耗分析与诊断是指通过分析能耗数据，找出能耗异常的原因和位置，以便采取相应的措施进行优化。在能耗分析与诊断过程中，需要对能耗的影响因素进行分析，例如天气条件、交通流量、路面状况等。

2. 能耗预测与控制

能耗预测与控制是指通过对能耗数据进行建模和预测，预测未来能耗趋势，并制定相应的节能措施进行控制。在能耗预测与控制过程中，需要对数据进行分析和建模，选择合适的预测方法，比如时间序列分析、回归分析等。

3. 能耗评价与优化

能耗评价与优化是指对公路能耗进行评价和分析，找出存在的问题和不合理之处，制定相应的措施进行优化和改进，以达到节能减排的目的。在能耗评价与优化过程中，需要对公路能耗进行综合评价，比如能源利用率、能源消耗比例、能源消耗强度、能源节约率等指标的评价，以及制定具体的优化措施，如采用更高效的能源设备、改进公路路面设计等。

4. 能耗监控与管理

能耗监控与管理是指对公路能耗进行实时监控和管理，及时发现能耗异常情况并采取相应措施，以保障公路的安全和节能减排效果。在能耗监控与管理过程中，需要采用先进的监测设备和技术，对公路能耗进行实时监测和分析，同时进行能耗预测和控制，及时发现能耗异常情况，并制定相应的管理措施，以达到节能减排的目的。

5. 能源技术创新

能源技术创新是指通过引进新技术和新设备，提高能源利用效率，降低能耗水平。在能源技术创新过程中，需要进行市场调研，了解新能源技术的发展趋势和应用情况，同时需要对公路能耗进行分析和评估，确定适用的新能源技术，并进行技术改造和升级，以提高能源利用效率和降低能耗水平。

总之，通过能耗数据的优化和改进，可以实现公路能耗的节约和减排，降低能源消耗和运营成本，提高公路运营效率和经济效益。

第二节　能耗控制与调整优化

绿色公路能耗统计监测平台通过数据采集、处理、分析等技术手段对公路能耗进行监测和管理。能耗控制与调整优化是在能耗监测和分析的基础上，针对能耗问题进行控制和调整优化，以达到节能减排的目的。

一、节能控制与调整优化

（一）隧道

1. 隧道照明系统改造

（1）隧道照明节能灯具改造以及灯具布设方式改造

①节能灯具改造，采用LED灯。LED灯作为一种新型照明灯具，具有功耗小、寿命长、后期维护费用低、节能效果显著等优点。同样条件下，其耗电量仅为白炽灯的1/10、高压钠灯的3/10，节电率高达70%～90%，寿命为白炽灯的100倍、高压钠灯的6倍。同时，由于高压钠灯光源的功率规格通常只有75W、100W、150W、250W和400W几种，因此当道路需要110W或180W照明时，由于没有相应功率的光源，故只能采用150W和250W的规格，这种选择不可避免地增加了照明能耗。LED光源的功率可根据隧道实际需要进行设计，从而消除了由于过度照明造成的电能浪费。隧道照明应用新型LED隧道灯具有其他光源无法比拟的优势，有很大的节能空间。

开发其他新型节能灯。上海民营企业研发的新型照明电磁感应节能灯不用灯丝且没有电极，最大特点就是具有强大的节能和环保作用。它没有灯丝，没有电极，可以在零下40℃正常发光，它的使用寿命在10万小时以上，节能效果比一般节能灯高一倍，并且可以根据天气的变化自动调节灯光，让进入隧道的驾驶员没有隧道内外亮度的巨大差异，可以在有车辆经过时自动亮起来，没有车辆通过时自动熄灭。这种灯具有待进一步测试和推广应用。

②灯具布设方式改造。灯具布设方式不同，相应的养护难度及成本不同，耗电量也不同。中间段灯具布设方式采用中线布置，效率最高，但是维护不便，需要封闭整座隧道才能进行，对高速公路通行影响很大；采用双侧对称布设需要两侧都铺设线缆，灯具密度大，造成建设资金的增加，也加大了营运维护的费用。通过大量的研究、灯具配光计算和试验，新型的单侧布灯方式比中线布设方式方便维护，只需封闭单个车道即可进行维护作业；与双侧布灯相比，可节省一半的线缆，并减少了灯具的布设密度，大大节省了建设和营运的费用。合理的灯具布设方式还有助于增大光线反射并可节电20%。但单侧布灯会存在路面照度不均匀情况，通过现场的实际检测，单侧布灯路面照明均匀度尚能满足规范的要求。总结中间布灯、双侧布灯、单侧布灯的优缺点，目前常用的是中间偏右的布设方式。

（2）隧道照明设计采用的节能设备（省电器、镇流器、变频器）

①省电器。由于大部分高速公路隧道位于偏远山区，隧道的供电网络电压都会随着用电时间的不同而有所波动，一般白天电压较稳定，通常在220～240V，夜间电压会上升10%～20%，晚上12点时候甚至达到270V以上，造成大量的能源浪费，而且影响了照明电气设备和光源的使用寿命，通过使用省电器，可以达到节能的目的。目前最常用的是智能节电器的工作过程为：软启动—稳压—降压节能—稳压，它所具有的慢斜坡电压升降调

节，很好地解决了开机浪涌电压以及在进行电压调节时对于电器的冲击，灯具在不同时段有不同照明需求，通过智能地控制供电电压，可以最大程度地降低电器的温度和电耗，从而实现节能的目的。但是该技术尚未大规模地应用，可以做进一步研究推广。

②节能型电感镇流器。目前，影响高压钠灯节能效果的主要问题是其配套的电感镇流器的工作效率。根据调查，国内使用的与高压钠灯配套的电感镇流器除少数进口产品外，其余几乎都是耗能型镇流器，其能效因数大都不符合国家颁布的节能技术要求。近两年来，国内有部分企业开发研制出了专用于道路照明高压钠灯节能型电感镇流器。一般来讲，高压钠灯专用节能型电感镇流器比传统镇流器的功耗降低 40% 左右，灯系统节能 5%，工作寿命长；采用该镇流器具有一定的节能空间。

（3）隧道照明系统优化

隧道照明系统优化主要分两部分，一是对照明控制系统的优化，二是对照明设计参数（洞外亮度参数、交通量、洞外环境等）的调整优化。

①对照明控制系统的优化。该措施主要是根据天气状况及时间段对隧道照明控制进行优化，合理配置不同天气状况下各时段的照明方案，减少过度照明和不必要照明来达到节能的目的。该措施不需要大规模地改变隧道原有照明系统，仅需增加相应的智能调控设备，也不需要封闭隧道进行施工，对隧道交通量及交通安全影响较小，不局限于不同地域特征，具有相当程度的可适性，整体实施难度较小，节能效果良好。

②对隧道照明设计（洞外亮度参数、交通量、洞外环境等）的调整优化。洞外亮度与当地的气候、季节、时刻、隧道朝向以及隧道入口的视野环境（如绿化、植被等）有关，洞外亮度值的优化对隧道照明设计参数及营运电费和设备费用影响很大。所以应在调查分析、实测比较和理论分析基础上，考虑各种因素合理地确定洞外亮度值。同时为了降低隧道入口处的设计照度，尽量降低隧道入口外部光照强度，可以采取对隧道出口处种植常青树木进行绿化，提高进出口处山体植被覆盖率等措施来达到节能效果。该措施基本不需要较高的技术，仅需种植相应的绿化树种，可实施程度较高，尤其在山区隧道照明设计进行改造时常被采用，节能效果良好。

另外，由于部分隧道建成后夜间车流量较低，或者近期难以达到最低照明设计交通量，可能存在隧道洞外照度取值过高或者隧道内部照明设计指标近期过高等现象。因此，需要对洞外照度取值和入口段亮度折减系数取值，入口段、基本段、过渡段、出口段的设计亮度等进行调整优化，减少不必要的照明耗电。同时由于短隧道的照明设计普遍参照长隧道进行设计，尤其是长度小于 300m 的隧道往往出现隧道全段均为照明加强段、没有中间照明段，进而导致隧道内亮度过高，能耗过大。因此，对短隧道照明优化设计，合理分配加强段及中间段，降低隧道照明能耗很有必要。

2. 隧道通风系统改造

（1）科学的通风方案

不同隧道的通风方案是不一样的，其装机功率也是不一样的，这就会影响通风设备的能耗。对于开启风机的类型、台数，以及风机通风与自然通风进行结合等，进行详细系统的设计，一般隧道特别是短隧道，若将风机通风与自然通风相结合，打开通风竖井，除遇到隧道火灾等特殊情况外，风机平时基本不需要开启。这样在一定程度上就节省了大量的电费，节省效果显著。但该项措施局限性较大，实施的最佳时期为设计阶段，若在营运阶段对隧道通风设备更换或改造具有一定的技术难度，需要较大的资金成本，对于节能潜力不大的隧道不宜使用。

（2）合理的通风系统

设置不同的风机调节方式（静叶可调、动叶可调、变频调节、风机台数调节），隧道能耗不同，变频调节设备昂贵并且容易出现故障，但是比较有利于通风节能，而且可以通过优化隧道风机调节方式来实现节能。针对高速公路隧道风机平时利用率不高这一现象，并且每次启动时间为 16～18 秒，对隧道风机配置的自耦降压启动装置进行优化，采用两台风机共用一套自耦降压启动装置，既减少大量自耦降压启动装置的购置费用，也降低了设备的能耗。高速公路隧道的通风可用变频器，一般是在隧道附近架一路 10kV 的输电线，这样启动电流便是在额定电流下启动的，不仅节省了电力变压器，而且节省了线路的投资。因此，在隧道通风中用变频器不仅可节省投资，还有一定的节能作用。

3. 隧道供配电节能改造

（1）隧道设备采用太阳能供电

由于隧道路段光照时间及条件不利于大型照明及其他设备的集中供电，可以对部分耗电量小的设施进行太阳能供电，在隧道外安装太阳能集成板，为隧道内灯标供电。也可对高速公路的隧道机电设备采用太阳能供电设计，该措施可有效降低高速公路的照明电力营运成本；在太阳能丰富地区具有广阔的应用前景，投资少且见效快，投入产出比较高。

（2）供电等级的合理划分

对供电系统供电等级的合理配置，可以合理地分配供电系统的负荷，有利于节能，对于长大隧道营运节能具有广泛的推广价值。通常情况下，将很少使用的隧道检修用电的设施划分为三级负荷；将次重要的隧道通风射流风机以及隧道加强照明的设施划分为二级负荷；将比较重要的隧道基本照明设施（含应急照明）、隧道监控系统、隧道消防设施以及隧道防灾用的射流风机划分为一级负荷，其中隧道一级负荷中最重要的是隧道监控系统和隧道应急照明。

（二）收费站

在对高速公路收费站实施节能措施因素分析的基础上，得出高速公路营运期收费站主要的节能措施是对收费站的设备及开启数量进行改造，其次是对收费站的收费系统进行管理改造，根据收费站交通量的变化，合理调节收费设备的启用数量。

1. 收费站设备选用

对收费顶棚灯、高杆灯开启数量做了新的规定，在确保符合规范的前提下根据天气情况和交通量及时开启和关闭；关闭夜间不必要开启的灯源，仅保留重点部位监控镜头范围下的节能灯。

对收费站顶棚、收费站广场的灯采用 LED，节电效果明显。

栏杆机加装变频器。由于高速公路收费站远离城市，供电大多就近取自农网，农网的供电电压不稳定，电压的波动达到 20%。因此，需要变频器满足频繁地起动停止、快速地加减速、适应宽范围波动的电源电压、栏杆起降位置准确等要求。栏杆机使用变频器后，加减速时间可任意调节，栏杆每天操作数百次至上千次，挡杆起降平稳自如；输入电压的变化范围到 20% 后，没有因电压的波动跳闸，同时节约电能，取得较好的效果。

2. 收费站的收费系统

（1）收费站不停车收费系统（ETC）

ETC 电子不停车收费系统，是当前国际上最先进的路桥收费方式，具有良好的经济效益和生态效益。ETC 车道收费效率较高，在交通量较大的时段可以提高收费站缴费通行能力，夜间有效减少收费车道数量，降低照明及收费设备能耗。

（2）增设收费车道和采用自动发卡机技术

在车流量较大的高峰时段，增设收费车道，提高收费效率，或者采用自动发卡机，向进入高速公路车辆自动发卡，提高发卡效率和收费站的通行能力。2009 年，甘肃省高速公路营运管理系统在全省高速公路路网 106 个收费站 270 个入口收费车道安装了自动发卡机，极大地提高了通行能力，减少了排队时间，节能效果显著。该措施需要针对收费站不同交通量情况，采取合理的节能措施，ETC 车道的设置需要改造相关收费设备，应当根据收费站交通量的情况，选择增加开启收费车道数还是 ETC 车道数量。

（3）收费站日常生活、办公节能措施

这些措施包括众多方面：如成立节能减排领导小组，负责站内节能减排工作的督促协调；利用板报、职工周例会和班组会等多种形式，进行节能知识宣传；严格控制路灯和收费顶棚灯的开关时间；夏天收费亭、宿舍、办公室室温低于 26 度禁止使用空调等；每晚对水电进行巡查等；站区内洗手间、楼道等公共区域的照明灯改为节能灯；各科室办公电脑、显示器、打印机、饮水机等，只要长时间不用，就及时关闭。只要制定相关制度，此类措施实施较为容易，效果也比较明显。

（三）营运中心

营运中心的节能措施主要是：第一，日常办公及采取相应的节能措施；第二，利用太阳能、风能等绿色能源照明；第三，做好相关调度及营运等设备的保养，淘汰能耗大的落后设备。国内尚未有针对性的节能措施，可以借鉴其他相似设施的节能措施，并且采用部分实施相对容易的节能措施；对于绿色能源的利用需要因地制宜地利用当地可利用的绿色能源种类，制订具有针对性的可再生能源利用方案，节能前景较好。

（四）服务区与停车区

1. 可持续绿色能源的利用

太阳能照明。广场可以采用太阳能照明灯具，晚上照明几乎可以不用电，可以减少照明电力营运成本。

太阳能和空气源热泵联合热水供给系统。在太阳能热水系统中，空气源热泵是一种辅助加热设备，能够将空气中的低品位热能浓缩到水中，耗电量是普通电热水器的1/5～1/4，可在雨天水温低于出水温度或用水量比较大时自动投入工作。采用联合工作系统可以保证整个服务区24小时有热水供给，并且工作时产生的冷风（气）被引入食堂循环利用，使食品库成为廉价的冷藏室。而利用太阳能加热后的水，预热温度能达到50～60℃，引入电热水器很快就能烧开，既节约电又省时间。

势能供水系统。可将水池设在山顶，利用高差，将势能转化为水压，以减少电泵的使用，这已成为一个持续节能项目，但是该措施需要服务区有一定的地势条件，处在平原地区的服务区无法采用，具有一定的局限性。同样，其他相关绿色能源的利用都需要因地制宜，根据本地区的绿色能源可利用情况采取特定的节能措施。

2. 服务区建筑节能

服务区的建筑节能措施主要有以下几点。

（1）墙体节能

墙体节能主要是通过建筑保温设计和建筑隔热设计达到节能的目的。该措施可以减少室内温度波动，尤其在夏季起到很好的隔热作用，使墙体温度不会很快升高，减少室内空调的使用频率，节约电能。

（2）门窗节能

由于玻璃的传热性能比砖墙大得多，充分利用保温隔热性好的玻璃窗，能有效降低建筑物的能耗，可以增加窗户玻璃层数，也可以在窗上加贴透明聚酯膜，以实现节能目标。

（3）屋面节能

一般设置屋面隔热层或保温层来避免屋面大面积传递能量，降低屋内温度的波动范围来进行节能。

（4）通风节能

通风节能是室内空气湿度降低的自然方式，主要是通过空气对流，带走室内热量，现在常用的通风技术有以下三种：风洞效应、地下风凉、烟囱效应等的应用。但是，此类措施最好在建筑物设计时就采用，一旦建成后改造会比较麻烦，但部分措施在优化服务区建筑设计时采用仍然具有相当大的节能应用空间，并且具有广泛的推广价值，适用于类似设施的建筑节能措施。

3. 服务区节水措施

（1）采用分质供水系统

据统计，服务区的公厕消耗的水占总用水量的18%，过往车辆加水及洗车降温占27%，浇花绿化占20%，餐饮用水占25%，盥洗、洗涤等占10%，由此可见，人们对高品质用水占到25%，采用分质供水设计两套管路，可以节约净化水的耗电费用，也能极大地减少水资源压力。

（2）服务区污水处理及水循环利用系统

服务区应当努力实现对污水进行处理，争取中水回用，在不能回收处理的情况下，有条件的服务区应尽量将污水并入市政污水处理厂；合理评估冲厕、广场冲洗等的用水模式，进行节水改造；对于临河、临溪的服务区，优先考虑建设蓄水系统，汲取河溪自然水，经初步处理后可用于冲厕、冲洗广场等；对于缺水、天然水采集有难度的服务区，中水回用系统建设应与雨水回收统一考虑。回用的中水、回收的雨水、汲取的河溪水应统一考虑扩建有一定储备量的蓄水系统。“中水”是指 pH 等于 7 的水，通过污水处理设备将污水改造成“中水”，达到排放标准，然后利用这些“中水”冲厕所、绿化浇花、给汽车加水、降温，理论上可以达到污水“零排放”，又节约了水，这对于水资源缺少的地域来讲，节能和经济效益巨大。

本设施的节水处理及污水处理措施不仅适用于服务区及停车区，还适用于生活区、运管中心等有工作人员居住生活的设施的节能，并且该措施主要从相关设备改造、日常生活的节能角度考虑，基本不需要较大的资金投入，也不需要较高的技术，实施较为容易，简单有效。

（五）养护中心

1. 采用新的道路养护技术

（1）预防性养护技术

预防性养护是为了让状态良好的道路系统保持更长时间，延缓未来破坏，在不增加结构承载力的前提下改善道路系统功能状况的一种养护模式。该方式能够有效地延长公路使用寿命，降低全寿命周期成本。根据美国科氏公司的研究表明：一条质量合格的道路在养护阶段，主要分为预防性养护和矫正性养护。其中，预防性养护的时间是指道路使用寿命 75% 的时间内，在这一阶段养护，道路的性能仅仅下降 40%，但是如不能及时养护，此时就进入矫正性养护阶段，即在预防性养护后 12% 的使用寿命时间内，在此阶段进行养护，道路的使用性能会再次下降 40%，从而造成养护成本大幅增加。

预防性养护能够防治公路病害严重影响高速公路行车安全和通行能力的地步，防止小病害转化为大病害，节省大量养护费用和养护材料，有效延长公路使用寿命，对于节能减排具有重要意义。

（2）应用沥青添加剂

液体 SBS 沥青改性剂加工乳化沥青，如果按照每年道路养护消耗 50 万吨沥青混合料进行测算，通过应用高科技新材料，二氧化碳排放量可减少 18000 吨，相当于节约了 24480 吨的标准煤；沥青玛蹄脂沥青混合料相当于在沥青中加一些纤维，可以有效地提高路面的抗车辙性、防水性、耐久性和抗滑性，虽然工程造价增加了 5%～10% 的投入，但减少了运营后的大修费用，降低了道路维修养护的大量耗能；使用沥青乳液修路，不需加热，可以在常温下进行喷洒、贯入或拌和摊铺，减少环境污染和节约能源、资源，是良好的节能减排材料。该技术的应用已较为成熟，可实施性强，具有较高推广价值。

（3）筑路材料循环利用技术

对高速公路建设过程中的石材、砂浆和养生水等进行循环利用，可以有效地降低二氧化碳的排放量，节约大量能源，高速公路路面养护可以考虑推广应用，该项技术需要一定的设备为基础条件，并且在高速公路建设过程中成功应用过，对于在养护过程中利用该技术的可能性有待进一步研究。

（4）利用废旧轮胎筑路

掺注橡胶粉修成的路，能够提高路面结构的整体抗重载能力以及抗裂能力，此方法不仅可改善路面材料的性能，而且能够增强路面的黏结性和防水性，有效地降低车辆和路面摩擦产生的噪声 2～3 分贝，提高路面的使用寿命，延长养护周期 2～3 年。如果该技术在高速公路建设和养护期间得到更大规模的使用，将大大减少国内废旧轮胎存储和处理过程中产生的污染，并提高道路质量和延长道路使用寿命，降低养护资源消耗。利用废旧轮胎，在路面上添加废旧轮胎橡胶粉，这项技术不仅可以使大量汽车的旧轮胎变废为宝，而且节约沥青材料，节省筑路成本，利用废旧轮胎筑路，一公里至少能减少 26 吨沥青的使用，节能效果良好。由于废旧轮胎不属于稀缺材料，各个地区相对较容易收集，可实施性较强，该项技术在高速公路养护（尤其是在居住区附近道路）中值得推广利用，节能前景巨大。

2. 养护机械的节能措施

对养护机械的整体状况、耗油量、燃油的燃烧率进行评估检测，及时淘汰机械状况差、耗油量严重超标、燃油率低且没有改进价值的设备，更换为较节能先进的设备，最大程度地减少能源消耗，做好养护车辆及机械设备的日常保养，做到节能减排。该项措施主要是对养护设备进行及时养护、保养，及时淘汰落后设备。对于养护作业较大的路段，优先更换落后、高能耗的养护机械；对于养护作业相对少的养护中心，优先做好养护机械的保养，逐步更换落后养护机械，有步骤地实现养护设施节能。

3. 创造新的养护体系

目前高速公路养护体制需要进一步改革，高速公路养护作为一种经济行为，必须符合市场经济运行规律，在市场经济不断完善的今天，高速公路养护走市场化趋势是必然的。所谓养护管理市场化，就是各管理处（所）不养自己专门的养护队伍，把高速公路养护管理工作全面推向市场，促使道路养护向市场化运作发展，有利于养护企业形成市场化竞争模式，鼓励养护企业积极开发养护新技术，制订先进的养护方案，降低养护费用和养护能耗。因此，逐步建立起适应社会主义市场经济运行规律的新型高速公路养护模式和运行机制具有重要的现实意义。

（六）生活区

生活区是工作员工个人生活的区域，不易统一管理，所以最重要的是做好节能减排宣传工作，加强节能管理，提高生活区员工节能减排自觉性。

（七）沿线设施

1. 沿线监控系统的升级改造

该措施主要是针对独立路段及独立隧道的监控系统无法相互协调、无法实现跨路段信息采集的交通信息共享、无法协同指挥和调度等现象提出来的新的管理模式，即“一个模式、一个平台、一个网络、一个系统、一个体系”。该措施将区域的高速公路分为若干片区，建立统一的编码体系，综合应用 IP 技术对监控信息采集、传输、存储、管理的设备，实现统一监控和分级管理，满足路网监控、交通、安全的管理需求。这种管理方式提高了监控效率，减少了监控中心数量，降低了监控能耗。对于建成后的高速公路的沿线监控系统改造需要一定的资金投入，但是考虑到沿线长期的监控节能，对交通量较大、隧道数量较多的监控节能潜力较大的高速公路可以有步骤地实施监控改造，整合监控设备，降低监控能耗。

2. 监控系统照明

高速公路监控电网供电建设成本高、线路损耗大、电能利用率低等问题严重，尤其是山区道路监控电网架设成本及损耗较大，针对这一问题，需要改进监控系统。从目前来看，主要采取太阳能发电、风能发电以及风光互补发电技术。太阳能光伏发电系统是通过太阳能电池组件在日照辐射下产生光伏电流，用电负载提供电力能源。风能发电是一种将风能转换为机械能，再将机械能转换为电能的机电装置。采用风能和太阳能互补供电，实现阴雨天也能够利用风能补充电能，保证持续阴雨天正常照明和补充充足的能量；利用风力发电机与太阳能互补供电，可减少太阳能电池组件的配置，降低太阳能电池方面的投资和减少太阳能电池组件的面积，以降低太阳能电池组件的迎风面积和抗风设计，从而降低灯杆和基座强度要求的投资，如采用柔性太阳能电池可以包卷在灯杆中，这样灯杆就是太阳能发电装置，这种设计具有美观和抵抗强风的独特优点。

监控系统照明采用太阳能等可再生能源具有广泛的推广价值，但是需要考虑高速公路沿线的太阳能、风能可利用程度，了解它们的分布特征，随着太阳能路灯及风光互补发电路灯造价的进一步降低，该技术具备普遍的推广价值，对监控供电及照明进行改造，充分利用新能源，降低能耗，但是应当优先对交通量较大并且监控、照明耗电量较大的高速公路进行有区别地改造，逐步完善。

在沿线高速公路上安装太阳能全程道路监控系统，直接经济效益和社会效益十分显著。若使用该系统，值班人员只需定时利用摄像机进行人工巡查，每天可减少路政人员两次路巡，节省耗油，据统计，每燃烧 1L 汽油可产生 2.4kg 二氧化碳，节能减排效果显著。

二、能耗监测与调整

能耗监测是能耗控制的基础，通过对能耗进行实时监测，能够及时发现异常情况并采取相应措施。能耗监测需要采用高效的数据采集、处理、分析技术，能够及时准确地反映公路能耗情况。

（一）高速公路监控系统目前常规设置方式

1. 高速公路监控系统概述

高速公路监控系统能通过监视和控制，确保高速公路车辆安全行驶，具体而言包括监视和控制两套系统，所谓的监视、监控系统就是采集、收集系统，它包括对于车辆的录像，对于每一部车的信息、速度以及整体车流量情况进行记录，它能够及时将这些信息向监控中心反馈。而所谓的控制系统就是对监视系统的数据进行分析和决策，从而达到对高速公路的交通情况进行有效控制的目的，控制系统一般分为分析系统和反馈系统。分析系统就是对交通规则、事故进行分析。而反馈系统是将道路信息和监控中心的信息，通过反馈的结论送达监控中心，并且相关部门以此为依据，有效地防止高速公路道路事故的发生。简言之，高速公路监控系统分为信息收集、信息处理和反馈控制。

2. 高速公路监控系统的现状分析

目前，随着我国高速公路建设的发展，高速公路的监控系统也取得了进步，高速公路的监控系统通常采用视频采集系统、云控制系统，进而完成对于信息的记录和信息的传送。而在处理过程中主要是用信号视频处理系统，对信息进行分析和处理。由于我国对高速公路监控系统的投资力度不大，目前我国高速公路的监控系统还不完善。

首先，监控存在局限性，监控设备布设方式不完善，只是针对事故高发和多发地带进行监控，但是对于事故少发的地段缺少监控或不监控。对于这种情况，主要由于监控设备布设规则是在早期资金短缺的情况下制定的，只能避重就轻，导致不可避免地会出现监控盲点。

其次，监控存在不准确性，是指监控视频卡顿、模糊以及视频数据呈现浮动性等，这主要是由于我国地域辽阔，信息经过长距离传输会严重影响信息的有效性，从而使画面和数据等都有模糊性和浮动性。

再次，目前我国的监控系统存在局限性。虽然我们高速公路的搭建已形成了贯穿东南西北的网状道路，与此相对应的道路监控系统也贯穿于每个地域，但是，高速公路的监控系统未形成相互联系的网络系统，而是相互割裂的局部系统。

最后，监控系统属于机械性反应。由于监控系统设计本身较简单，没有引入人工智能的部分，现在高速公路监控系统仅仅是对所采集到的视频信息进行处理和反馈，无法给予使用者建设性的建议。

（二）高速公路监控的控制要求

1. 认识到自动化和智能化的优点

在基于高速公路对监控的必然需求的情况下，应该有效地提供服务，保证监控的全面性构建，构建更加优化的监控体系。随着自动化技术的不断发展，目前数字智能化时代已经到来，自动化、智能化技术应用于监控系统是重要的技术支撑，对于完善监控系统功能具有强有力的作用。因此，相关部门应该认识到监控系统智能化的重要性以及自动化技术运用的优点，这样才能够在高速公路监控系统的构建过程中较好地利用自动化、智能化控制系统，从而满足高速公路对监控系统的需求。

2. 提高监控效率和效果

基于高速公路的特殊性，以及其对监控效果的需求，在监控系统中应用自动化技术，是提升监控效率、监控效果的重要手段，能够在一定程度上提升高速公路监控系统的有效性。所以，相关部门必须理解智能化技术对于监控效果和监控效率的作用，这样才能够在引起重视的基础上，通过相应的方式，将其应用于高速公路的监控过程中。

其次，应该提高监控系统的有效性，要想现有的监控系统更加有效，就必须完善高速公路监控管理系统，而且必须具备过硬的高速公路监控技术和功能，这是保证我国高速公路监控系统自动化有效的基础。现如今，解决我国高速公路监控系统存在的技术性问题的关键手段之一就是将公路监控自动化和各种智能化的监控系统充分运用于其中，这样才可以能够最大程度地完善我国现有高速公路的自动化监控管理系统，并且使监控功能更佳、更优化，从而推动高速公路监控系统的有效性。

3. 选择合适的监控设备

基于现在高速公路监控系统构建的需求，合理地选择优化的监控设备，并且将其应用于监控系统中，能够使高速公路监控系统拥有先进的设备，从硬件上提供有力的支持。

结合目前的状况来看，首先要做好监控系统的划分。目前，监控系统基本上可以划分为前端摄像机、传输联络、监控控制系统三部分，前端摄像机主要指安装于现场道路的摄像机，通过前端摄像机能够实现对高速公路路况的实时了解。而传输系统是指用于传输摄像机所采集的数字化虚像的传输网络设备。监控中心控制系统主要是通过调配传输过来的各路图像来了解现场情况。合理地划分这三大部分，满足其硬件设施是使监控系统完善运行的保障。另外，要明确监控系统的主要功能，例如，物体移动检测功能，即检测物体移动的轨迹及速度，如果移动速度异常就会产生报警；物体停止检测功能，就是对车辆违规停车等现象进行检测。而智能化、自动化技术能够很好地实现这些子系统的功能，弥补传统监控系统的不足。

（三）构建全面的自动化智能化监控体系

结合高速公路监控系统的实际情况以及高速公路监控系统发展的需要，构建全面自动化的监控系统是实现高速公路自动化、智能化的关键，基于对自动化技术和智能化技术的了解，高速公路在健全自动化、智能化监控系统时应做好以下 3 个方面的工作：

1. 做好系统总体设计

在进行智能化和自动化系统的构建之前，必须做好总体设计规划，基于高速公路的实际情况以及高速公路对于监控系统的需求，掌握高速公路监控系统的特点，构造出总体设计方案，才能够为高速公路自动化、智能化监控系统的建设提供指导。首先，要保证在总体方案的设计过程中，需要对自动化和智能化设备的选择做一个总概述，包括型号的选择，选择具有什么功能的设备，在什么监控节点使用自动化、智能化设备，以及信息传输通道的设置，都需要做好总体的规划。其次，在自动化、智能化体系的构建之前要做好整体应用流程的设计，保证每一个环节运用自动化、智能化技术的合理性，这样才能够保证自动化、智能化技术的有效应用。

2. 构建智能化监控管理中心

高速公路监控体系智能化和自动化意味着无须人力、人工进行管理，所以需要建立专门的监管中心。在建设智能化、自动化监控体系的管理中心时，应该结合现如今高速公路对监控系统的监管需求，结合道路发展趋势建立智能化的监管中心，这是提高高速公路监管系统效率的有效措施。同时，为了更好地发挥管理中心的作用，强化监管中心的控制效果，例如，可以采用远程控制手段，这样能够有效地提高监控效果，在一定程度上为信息的处理提供保障。

3. 优化监控管理流程

设立好高速公路监控系统管理中心后，还要进一步优化高速公路监控系统管理的流程，这样才能为高速公路的安全和监控管理做充分准备。

首先，管理中的各部门都应该进一步加强对关键监控节点位置的管理和监控，并且适当设置一些重要的监控系统管理节点，充分满足对高速公路监控管理系统的不同功能需求，满足远程监控的需要。

其次，在设置管理流程时，要结合我国高速公路的监控节点进行智能化系统构建。比如在设置高速公路监控装置和节点时，可以在原设计监控节点基础上增设智能化监控装置和节点信息传输设备，这样才能够将更多的高速公路监控节点信息传到控制中心，为信息处理需求提供更多的管理服务。同时，将收集到的信息传到总控制中心后，有利于对信息的更优化处理，为调整监管流程、调整监管方式，以及采取相应的处理措施提供有力依据。

最后，在设置监管流程时，要对每一个监控管理流程进行控制，做到对监控关键节点的监视，使信息传输更加优化。

简言之，为了提高高速公路的监控效果，要合理地设置监控系统，在保证汽车在高速公路上安全、稳定运行的同时，结合高速公路建设的实际发展情况构建一套智能化、自动化的公路安全监控服务管理系统，这是分析和解决当前高速公路监控管理存在的突出性问题的关键，也是进一步提升和促进我国高速公路管理服务质量的有效途径。由此，把握好自动化和智能化的需求，将其用于监控系统中，构建完善的智能化监控系统，是提高高速公路监控系统有效性的关键。

第三节　能耗成本与效益优化

一、能耗成本与效益的定义

能耗成本是指能源在公路建设和运营过程中消耗能源所需付出的成本，包括能源采购成本、能源使用成本、能源维护成本等。而能耗效益则是指在能源使用过程中获得的效益，包括降低能源消耗、减少能源排放、提高公路安全性等方面的效益。绿色公路能耗统计监测平台通过对能耗数据的采集、处理、分析和优化等一系列措施，实现了能耗成本和效益的优化。

（一）能耗成本的定义

能耗成本是指企业或组织在生产和运营过程中消耗能源所需付出的成本，包括直接成本和间接成本。

1. 直接成本

直接成本是指企业或组织在生产和运营过程中，直接使用能源所需付出的成本，如电力、天然气、燃油等的费用。

2. 间接成本

间接成本是指企业或组织在生产和运营过程中，间接使用能源所需付出的成本，如能源设备的维护费用、能源数据采集和处理的费用等。

（二）能耗效益的定义

能耗效益是指企业或组织在生产和运营过程中，通过节能减排所获得的经济和环境效益，包括经济效益和环境效益。

1. 经济效益

经济效益是指企业或组织通过节能减排获得的经济利益，如降低能耗成本、提高能源利用效率等。

2. 环境效益

环境效益是指企业或组织通过节能减排获得的环境效益，如降低二氧化碳排放量、减少对环境的污染等。

（三）能耗成本与效益的关系

能耗成本和效益是紧密相关的。通过优化能源消耗结构、提高能源利用效率、引入新技术等手段，企业或组织可以降低能耗成本，同时提高能耗效益，实现经济和环境的双赢。

例如，在绿色公路能耗统计监测平台中，通过实时监测和分析能耗数据，采取合适的节能措施和优化方案，可以有效降低能耗成本，提高能源利用效率，实现经济效益和环境效益的双重目标。

二、公路造价预算及成本预测

结合公路工程造价预算与成本预测的含义，分析工程造价预算控制策略以及成本预测的原则，包括加强公路工程造价预算审核、提高公路工程造价预算人员的综合素质、加强造价预算各阶段控制等内容。

（一）公路预算与成本预测

1. 公路预算

公路预算是指用货币的形式表现公路各类经济活动，反映公路工程未来一段时间所需的各项收入、支出。公路预算关系公路工程的建设成本与企业的投资收益，因此在施工前施工单位必须按照预算定额，采用符合公路工程特点的规则和计算方法，进行工程造价价格与费用的计算与核定。

2. 成本预测

成本预测是指运用科学的方法，综合各种因素，判断和评估某一个项目、产品、未来劳务成本水平以及变化趋势做出的成本目标和水平估计。通过成本预算，可以对未来工程项目、产品以及劳务的发展进行成本预测，了解未来的成本水平和变化趋势，以减少工程项目、产品等方面的决策盲目性，为企业投资决策做出科学评估和决策。

成本预测是施工单位组织项目成本决策和编制成本计划的前提，根据成本预测，可以了解未来项目、产品和劳务市场的成本发展和变化趋势，将未来发展的未知因素转变成已知因素，提高企业管理者的自觉性，减少企业经营活动过程中出现的不利因素，避免企业项目、产品成本决策的片面性和局限性，有助于编制出正确的成本计划。成本预测是企业经营决策和成本计划的基础和前提，成本决策和成本计划是成本预测的产物。成本预测有助于企业实施全面成本管理，帮助企业建立全生命周期管理理念，加强企业成本的事前、事中、事后成本控制。成本预测是企业成本管理的重要内容，是企业实行全面经营管理的重要部分，可为企业实现项目、产品成本目标指明方向。

（二）公路工程造价预算控制策略

1. 加强公路工程造价预算审核

公路工程造价预算方案编制后，审核部门必须对公路项目造价预算进行审核，严格按照国家、行业相关标准执行，确保公路造价预算符合国家和行业的相关规定要求。由于公路项目建设周期长，项目建设过程中受建筑市场价格波动的影响，可能导致建筑材料的价格超过实际预算，造成实际材料支出成本超过预算。

审核过程中，审核人员需严格遵守造价预算的相关要求，实时关注建筑市场的动态，将公路工程各阶段涉及的各项费用和相关标准进行对比，从而确保造价预算的科学性、合理性，避免重复审核。常用的预算审核方法有全面审核方法、局部审核法、对比审核法，从而确保各项资金的最大化利用。全面审核法是根据公路工程的计量方式与造价计算等相关规定，按照工程数量和固定单价以及其他费用等进行全面审核，最大限度保障审核的质量，但是这种全面审核的方法工作量比较大，审核时间长，适合工程量比较小的工程。重点审核的方法是针对工程的重点内容进行审核，比如主要的、施工成本比较高的分项工程，这种方法主要用于复审环节。对比审核方法是根据预算资料进行分析，找出同类的工程造价特点和材料消耗规律，将其整理为不同工程用途、当地工程单价、材料消耗情况等指标对审核对象进行分析对比，重点计算各分部分项工程，找出不符合投资规律的指标进行分析，从而找出两者的差异。

2. 提高公路工程造价预算人员的综合素质

公路工程造价预算涉及人力成本、土地征收、材料成本、机械设备租赁、贷款利息等各项费用，对工程造价预算人员的要求比较高。预算人员必须具备财务知识、税法、市场经济管理等理论知识，而且熟悉公路工程施工各项技术，对各项技术所需的人工、建筑材料、机械设备等比较了解，以制定符合实际情况的工程造价预算方案。

对造价预算人员定期进行培训，使其及时了解国家有关工程造价方面的理论知识、政策法规、造价预算方法，全面提升工程造价人员的业务素质。

企业必须通过社会公开招聘的方式面向社会公开招聘具有工程造价预算专业知识或者相关经验的人才，从而为企业的工程造价带来最先进的造价理念和技术，提高企业的工程造价预算水平。

3. 加强造价预算各个阶段控制

公路项目投资决策阶段主要在于公路工程的前期可行性方案编制，结合公路技术现状、公路区域范围的经济水平以及市场需求等方面，确定公路工程的施工标准和建设规模，确保公路的建设等级符合实际需求。设计阶段的主要费用是公路勘察、设计费用，项目实施阶段费用主要是项目前期的征地费、拆迁补偿费、材料费、人工费等，公路项目投入运行后，主要费用是管理费用和公路维修费用。公路工程造价预算必须根据各个阶段的特点，采用不同的造价预算方案，确保工程造价预算方案符合工程的实际情况，在保质保量的前提下，让企业获得最大的经济效益。

（三）公路成本预测原则

1. 整体性原则

公路工程成本涉及人力费用、土地拆迁赔偿款、材料费用等内容，在成本预测时，必须做好全面评估，才能确保成本预测的整体性。人力资源作为企业的重要财产，在成本支出中占有重要比例，在成本预测的时候，需要将公路工程的成本预测落实到每一个员工身上，确保员工在项目建设中不断提高施工质量，降低施工成本。

2. 动态性原则

公路工程是一项施工周期比较长的项目，项目建设是不断发展的过程，不同阶段影响项目成本的因素不同，成本预测也有一定差异。因此，成本预测是一个动态的过程，需要建设单位在不同阶段进行完善。因此，公路工程施工的各项技术标准必须达到相应的规定，同时实行动态化管理，以使工程各个阶段的成本符合要求。

3. 目标性原则

成本预测要求公路项目的成本控制在一定范围内，以免施工造成环境的破坏和资源的浪费。在公路施工过程中，成本预测必须遵循成本目标，坚持目标性原则，让公路成本的预测符合成本控制目标的要求。因此，只有按照公路成本控制的目标，才能确保公路工程低成本、高质量地完成，实现公路工程的成本预算目标。

4. 节约原则

成本预测的目标是控制公路成本，让公路工程在预算内高质量完成项目，最大程度地确保建设单位的经济效益。公路工程成本预算是在质量控制和成本控制目标的基础上，降低工程建设成本。因此，节约是公路工程成本预算最基本的原则。

公路工程项目必须结合实际情况，对工程项目的造价预算和成本进行科学预测，确保公路工程项目投资符合企业的经营发展决策与经济效益。其中，工程造价预算和成本预测与工程项目的成本控制目标息息相关，因此项目实施过程中，必须建立工程造价预算和成本预测控制管理策略，以确保工程在节约成本的前提下高质量完工。

三、能耗成本与效益的优化策略

（一）能源结构优化

通过调整公路能源结构，选择更加清洁、低碳的能源，可以降低公路的能源消耗成本，并且减少能源的排放，提高能耗效益。在公路能源消费方面，能源结构优化可以通过以下 4 个方面实现：

1. 选择更加清洁、低碳的能源

清洁、低碳的能源包括太阳能、风能、地热能等，相比传统的煤炭、石油等化石能源，具有更低的碳排放和更高的能源利用效率。公路管理部门可以选择在公路上安装太阳能板、风力发电设备等清洁能源设施，以替代传统的能源，减少能源消耗成本。

2. 推广新能源汽车

新能源汽车是指采用电能、混合动力等新型能源驱动的汽车，与传统的燃油汽车相比，新能源汽车具有更高的能源利用效率、更低的运行成本和更少的尾气排放。公路管理部门可以通过优惠政策、补贴等方式，推广新能源汽车在公路运输中的应用，以降低公路的能源消耗成本。

3. 提高能源利用效率

提高能源利用效率是指在保证公路正常运行的情况下，尽可能减少能源的消耗量，达到节能减排的目的。公路管理部门可以通过提高车辆的运行效率、改善公路的路面状况等方式，优化能源使用效率，降低能源消耗成本。

4. 加强科学管理

加强科学管理是指通过科学的管理方法和技术手段，提高公路能源的管理效率和管理水平，降低能源消耗成本。公路管理部门可以引入智能化能源管理系统，实时监测公路能源消耗情况，分析影响能源使用的因素，制订合理的能源使用方案，以达到降低能源消耗成本和提高能耗效益的目的。

能源结构优化是一个长期过程，需要公路管理部门和相关利益相关方共同努力，利用多种手段和方式实现公路能源的优化和可持续发展。

（二）技术创新和应用

绿色公路能耗统计监测平台通过技术创新和应用，引入智能化能源管理系统、能源监测设备等先进技术，实现能耗数据的实时监测、分析和优化，提高能源利用效率，降低能耗成本。

1. 智能化能源管理系统

智能化能源管理系统可以自动对能源消耗进行数据采集、分析和控制，使能耗管理更加科学和精细化。系统可以自动进行能耗预测和控制，识别能耗异常情况并及时发出预警，以便采取相应措施进行调整和优化。

2. 能源监测设备

能源监测设备可以实时采集能源数据，将能耗数据传输到绿色公路能耗统计监测平台进行分析和处理。这些设备可以监测各种能源，包括电力、燃气、水等，并且可以实时监测能源设备的运行状态和能耗情况，及时发现异常情况并采取相应措施。

3. 智能化能源设备

智能化能源设备具有自动控制和调节的功能，可以根据能耗情况自动调整能源的使用和供应。这些设备可以自动调整温度、湿度等环境参数，使能耗更加节约和环保。

4. 能源节约技术

能源节约技术包括节能照明、节能空调、太阳能热水器等，这些技术可以有效降低能耗成本，提高能源利用效率。

通过技术创新和应用，绿色公路能耗统计监测平台可以实现能耗数据的实时监测、分析和优化，从而实现能耗成本和效益的优化。

（三）制定合理的能耗管理措施

制定合理的能耗管理措施，包括能源消耗计量管理、能源节约措施、能源价格监管等，以提高公路的能耗效益，降低能源消耗成本。

1. 能源消耗计量管理

对公路能源消耗进行计量管理，可以更好地掌握能耗数据，为能源管理和优化提供科学依据。公路能源计量管理包括能源计量器具的选型和安装、能源数据的采集和处理、能源计量器具的校准和检测等环节。

2. 能源节约措施

实施能源节约措施是降低能耗成本、提高能耗效益的重要途径。对于公路来说，可以采取的措施包括优化道路设计、改善路面状况、提高车辆能效、加强交通管理等，以降低公路的能耗。

3. 能源价格监管

能源价格监管是指对公路能源价格进行监管，防止不合理的能源价格对公路能耗产生不良影响。对于公路来说，可以通过政府和相关部门的监管，提高能源价格的合理性和公平性，以保障公路能源利用的效益和可持续发展。

总的来说，通过制定合理的能耗管理措施，可以提高公路能源利用效率，降低能耗成本，为可持续发展做出贡献。

（四）公路运营管理优化

通过优化公路的运营管理，如优化交通管理、公路维护管理等，减少能源浪费，提高能源利用效率，降低能源消耗成本。

1. 优化交通管理

通过优化交通管理，减少车辆拥堵、交通事故等，可以降低公路能源消耗。具体措施包括：第一，合理规划公路网，缓解交通拥堵状况；第二，采用智能交通管理系统，实现公路交通管控的智能化；第三，鼓励绿色出行，如推广电动汽车、自行车等低碳出行方式。

2. 优化公路维护管理

通过加强公路维护管理，保障公路的良好状态，可以减少车辆能耗。具体措施包括：第一，定期进行公路巡查和维护，修补路面缺陷，清理交通标志等，保障公路畅通；第二，采用先进的公路养护技术，如冷再生、热再生等，延长公路使用寿命，降低维护成本。

3. 推广绿色物流

推广绿色物流，采用低碳、高效的物流方式，可以降低货运能源消耗。具体措施包括：第一，鼓励企业采用智能化物流管理系统，优化货物运输路径，降低能源消耗；第二，推广多式联运，采用多种运输方式相结合的方式，提高运输效率，降低能源消耗。

通过以上优化措施，可以实现公路能耗的有效管理和控制，降低公路能源消耗成本，提高能源利用效率，达到可持续发展的目标。

（五）能耗管理信息化

利用绿色公路能耗统计监测平台的信息化优势，实现能耗数据的实时监测、预测和优化，提高公路的能耗效益，降低能源消耗成本。

1. 优化公路管理信息化技术的重要性

（1）保障公路管理工作的实际效率和经济效益

信息技术能够解决公路管理中数据管理的难题，通过维持数据库系统工作的效率和功能，满足管理工作中对数据的应用需求，实现更高的安全系数和更完善的使用功能。现阶段信息化技术在公路管理中的应用需求广泛，为了保障公路运行管理系统及其数据库效用，强化公路管理工作的安全保障，必须从公路管理的多方面下手，包括信息交流、交通基础设备和应急措施、管理方案设计等方面，系统提高公路运营中的信息化管理能力，运用足够的科学技术支撑公路管理工作。

信息化技术的建设非常关键，公路在管理过程中必须充分发挥公路运行管理系统及其数据库的优势，不断提高养护能力和应急效率，增强管路方案的安全性，提高公路信息化管理系统工作的高效性。通过科学使用公路运行管理系统及其数据库监测公路运行状况，能够更严密地保证公路管理工作的安全性，防止公路运行过程中的安全风险和经济损失，提高公路运行的经济效益。

（2）强化实践中信息化技术的建设

在信息化技术应用于公路建设前，通行过程中的数据管理不到位，对于各种安全问题不能够及时采取应急措施，交通管理内部人员间沟通不到位。为了在公路运行实践中加强对于信息化技术和公路安全风险的控制，应强化信息化技术的综合建设，以更好的管理制度确保管理人员工作的规范性。立足于公路运行管理系统及其数据库在公路管理工作中的发展现状，不断提升信息化技术水平，增强技术应用结构的合理化。公路运行管理系统及其数据库是建设信息化技术的关键部分，为了维持信息化技术的科学、稳定发展，需要强化公路运行管理系统及其数据库在实践中应用的效果。

2. 公路管理过程中存在的问题

（1）管理工作内部的自动化、智能化程度低

公路管理的员工需要在更自动化、智能化的平台上处理管理工作中的实际问题，在管理决策过程中需要综合利用公路管理信息化系统中的信息和资源。现阶段，我国公路管理工作中还存在较多缺陷，公路养护自动化系统不够完善，不能够充分保障公路管理的信息化、智能化。

部分管理人员在实践过程中的工作能力和信息技术应用水平不足，信息化技术的应用能力缺失。为了使公路管理信息化系统的价值实现最大化，公路管理层需要关注管理人员的专业素质，提升公路管理工作人员的信息技术应用水平。对信息化技术进行创新的过程中，管理工作的风险和质量问题不断增多，对于信息化技术的高效建设造成较大威胁，对公路管理工作产生不利影响。

现阶段，信息化技术内部的发展和管理制度不完善，许多应用中的信息安全问题亟待解决，公路运行管理系统及其数据库的及时性和安全性不足，公路运行监控的理念还处于相对滞后的阶段，安全风险意识淡薄，需要在公路运行管理系统及其数据库应用实践过程中进行技术完善。

（2）公路信息化管理系统的全面性

加强公路信息化管理系统是推进公路管理持续发展的关键内容，为了推动公路运行管理系统及其数据库的完善，应实现信息化技术的合理应用。部分公路管理和养护的实际操作方式不能满足当今时代的需求，公路信息化管理系统中缺乏内控机制和监督环节，公路信息化管理系统的全面化、智能化程度低，现阶段必须不断提升信息化技术的应用水平，充分避免公路运行管理系统及其数据库在应用过程中信息化程度不到位的问题，减少使用中出现的通行安全问题，推动公路信息化管理系统工作的高效率进程。

3. 建设公路信息化管理制度的策略

（1）健全公路信息化管理的安全机制

5G、卫星遥感、物联网、激光雷达等新一代信息技术的应用能够提高公路网运行的

数据库管理，实现管理系统中公路管养智能化的使用效果优化。通过对之前的信息技术进行改良，落实公路信息化管理的安全风险管理，其中涉及公路管理信息化建设的效率。5G 车联网建设过程中必须建立更完善的安全风险规避机制，实现多目标快速响应，在技术层面为信息化技术和公路安全管理提供支持。

现阶段信息化技术在公路管理中的建设需求广泛，公路管理工作的公路状况监控系统信息化、全面化转型是信息化技术优化的需要，是公路通行的数据库技术和管理系统持续智能发展的需要。应在公路信息交流、交通基础设备和应急措施、管路方案设计等方面系统提高信息化管理能力，提高公路管理信息化系统以及公路运行安全管理等方面的工作效率，确保信息化技术过程中能够实现安全和效率的提升。

（2）不断完善公路管理信息化系统

通过采取数据库技术不断完善公路管理信息化系统，做到公路相关信息的及时、全面、有效采集和处理，精准分析并构建模型。在管理工作中直观展示公路运行的详细情况，实现数据展示分析的自动化、智能化功能。数据库技术与公路管理相结合是科技时代的需要，实时三维坐标能够满足管理工作中对空间的不间断测绘需求，充分提高数据精度，保障管理工作顺利开展。公路管理信息化系统在使用中应严格检查、监测隧道和桥梁等公路基础设施的运行状况，及时采取措施解决使用过程中的变形问题。通过提升信息化技术，实现更先进的数据模型和动态数据分析，帮助管理工作人员和用户及时查询公路信息，推动公路信息的动态化、智能化管理进程。建立严格的公路管理系统的设计规划和管理机制，改善信息化技术的建设现状。现阶段，公路管理工作开展需要深入分析，现代化的公路信息化管理系统需要完善全面的公路管理机制和科学化的养护方案，是提升公路经济效益的重要手段。

信息化技术在公路内部管理过程中必须充分发挥数据库系统的关键作用。在全面信息化时代，信息化技术的系统建设必须不断进行管理技术升级，不断推动信息技术应用和管理系统的科技化变革，提升信息化管理能力，实现公路安全管理机制与先进公路安全管理理念的高效应用。

应增强管理人员素质，优化公路信息化管理系统，加强技术层面的应用，在信息化技术建设过程中切实强化公路网络在实际使用和运行过程中的安全效能。

（3）优化设置公路信息化管理的流程和机制

通过优化设置公路信息化管理的流程和机制，能够避免管理工作内部人员沟通不畅的问题，增强工作人员内部信息交流的及时性，充分提升公路管理工作的协同性。信息技术能够帮助指明下一步的管理工作方向，科学合理地使用数据库系统中存在的各项数据，增强决策的合理性和科学性。

信息化管理系统和数据库技术的应用范围处于扩大的趋势，公路管理工作中管理信息化系统越来越重要，管理系统运作本身涉及的资源非常多，需要一个信息交流与协同平台实现工作人员间的协同合作。普通员工办公、处理问题、公路管理工作的领导层决策等过程中，都需要充分发挥信息技术的优势，充分利用自动化平台上的公路信息和资源，实现高效和科学的决策，在实践中不断提升公路管理工作的信息化、智能化。

信息化技术的应用需要设置更合理的技术标准，不断推进公路信息化管理系统工作的效能提升，推动公路管理信息化系统流程的规范化和科学化。优化公路管理信息化系统的技术水平，提高公路安全管理过程中的整体效率，全面保障公路通行的数据库管理和信息化管理系统的使用性能。

公路通行管理系统中需要构建管理流程的管理制度，以专业化的技术体系提高公路信息化管理系统的标准化程度。现阶段，优化公路安全管理机制的过程中，为了使公路管理信息化系统的价值实现最大化，公路管理层需要关注管理人员的专业素质，提升公路安全管理工作人员的信息技术应用水平。在这个过程中，管理人员需要加大对公路通行数据库管理的关注，科学引导公路管理工作者对自身技术能力和设备操作方式进行优化提升，强化公路信息化管理系统的风险意识，加大员工内部专业化培训的力度。

第七章　绿色公路能耗统计监测平台的实际应用

第一节　绿色公路建设案例分析

绿色公路是一种以保护环境、节能减排、可持续发展为目标的公路建设方式。为了实现这一目标，绿色公路需要采用一系列技术手段，以下是其中几种重要的技术应用。

一、智能交通技术的应用

智能交通技术是指在交通管理、信息服务、安全保障等方面运用先进的信息技术和智能技术，以提高公路交通的效率和安全性。智能交通技术包括车联网技术、智能导航技术、智能交通控制系统等，这些技术应用可以优化交通路线，减少拥堵，降低交通事故发生率，同时减少能源消耗和环境污染。

（一）智能交通系统的组成

在社会发展过程中，交通事业一直以来都是重中之重。而在社会中信息管理方面的发展，也能够让交通信息更加及时、更加准确、更加完整。

首先，车载系统能够为日常车辆的运行提供更加精准的导航，并且可以实时监控，比如使用音频或视频的输出路径给予导航提示信息，并且对不同的路径选择不同的算法等。

其次，建立路边系统，一般路边系统能够对路况和行车状况进行实时监测。主要表现在车辆的测速雷达、交通路况的信号等各方面，也可以使有关部门及时了解各种各样车辆的实际行驶状况。

最后，在交通管理控制方面，通过使用各种不同的软件初步了解交通的运行情况，进行有效预测的同时可以充分控制和管理系统，使交通系统在运行时更安全，防止出现交通堵塞。

（二）计算机视觉技术在智能交通系统的使用

1. 在车辆导航方面

计算机视觉技术发展过程中，车辆的智能导航是极为重要的发明，也是和人们生活最贴切的发明之一。车辆智能导航特征主要有以下几个方面：首先，可以帮助驾驶员提供车辆运行信息和精确的道路交通信息。其次，根据道路界限对车辆驾驶进行有效的引导，确保车辆安全行驶，同时能对车辆速度分配和行驶距离进行调控，通过计算机视觉效果引入导航系统来分析和检测道路及附近车辆情况，达到引导车辆规范行驶和合理调节车距的目的，从而确保安全驾驶及体验。速度管理和安全距离控制系统主要依靠车内的摄像系统来了解周围的车况，并且进行统一的数据收集和分析，根据智能检测系统来检测车距以及计算安全速度，最终得出更加科学的数据。

2. 在道路控制方面

高清晰度的电子图像和摄像机等各种设备是计算机视觉技术在交通监控方面最重要的应用。通过识别监控目标和对目标进行跟踪监测，同时通过图像技术处理收集到的视觉信息再通过三维成像技术来进行电子信息观察，从而达到监控道路交通情况的目的。计算机视觉技术在我国智能交通系统中应用已经非常成熟，比如能够实时监控路况，并且对交通拥堵或违章停车以及车祸等各种现象进行及时监控和实时掌控交通状况。不仅如此，交通智能化的计算机视觉技术通过不断改进，甚至能够在一定程度上解决交通拥堵现象。智能化的交通监控系统能够让车辆行驶期间及时避免事故，从而使交通建设管理起到更加优质的效果。

3. 在智能收费方面

计算机的视觉技术不但在道路监控、车辆驾驶以及车辆导航方面发挥重要作用，还在车辆智能收费方面发挥重要价值。车辆收费作为公共交通的重要环节，通过引入计算机视觉技术变得更加科学、高效、简便。车牌识别技术也是现代智能交通管理中一种极为重要的智能应用。

目前我国的车辆收费系统主要采用单目车牌系统识别模式，该技术主要通过对单目车牌的车牌核心进行扫描来实现，局限性较大。而双目车牌的识别系统是利用车辆的动态视频或静态图像进行牌照号码、牌照颜色自动识别的模式识别技术，主要包括摄像设备、图像采集设备、识别车牌号码的处理机等，通过车牌定位算法、车牌字符分割算法和光学字符识别算法达到及时识别车牌和读取车辆型号的目的。大量实践证明，该系统适用性更强，但是对高速行驶的车辆，该系统有时很难提取到有效的车牌信息，所以在应用过程中还需要进一步改进。

4. 在辅助驾驶方面

随着计算机科学技术的发展，车辆的辅助驾驶技术也在不断改进，人机交互模式是目前国际上最先进的车辆辅助驾驶技术。车辆辅助驾驶就是利用计算机视觉技术来识别道路旁的标志物以及车辆、行人等，并根据获取图像进行数据提取，然后通过系统更加有效地分析并筛选出其中最重要的信息，提供给驾驶员进行参考。这样可以使驾驶员及时发现车辆周围的行人和车辆，防止出现交通事故或违章；可以降低驾驶人员行车压力和提高驾驶体验感，从而避免交通事故，使道路交通更加安全；也可以确保文明安全出行。

5. 在交通监控方面

车辆和行人是交通监控最主要的对象，计算机视觉技术通过对二者的运动时间进行分割，主要方法有帧差法和光流法两种，目前普遍使用光流法。光流法主要是通过映射参数的方法来描述图像中的运动目标，从而对相同映射的参数分配相应的光流量，以达到比较完整的参数分割的目标。计算机视觉技术在交通监控方面的另一应用就是监测分析和计算车流量，根据车辆的平均速度和车辆列队长度来进行交通线路的规划，实现对交通路况的进一步了解和规划，从而防止交通拥堵和交通事故。计算机的视觉技术通过监测和分析车辆的速度以及数量，并且对有关数据进行收集，让交通管理工作变得更具时效性和实用性。在未来的发展过程中，相关工作人员将对这种技术不断进行改进和探索，随着科技的发展，我国的交通状况将变得更加优质，同时也可以尽量避免有可能发生的交通安全事故，帮助人们在出行的时候节约时间，确保交通运行更加顺畅，使其在我国的交通管理过程中发挥更多的价值，让人们日常的生产生活变得更加便捷。

6. 在车辆智能驾驶方面

车辆的智能导航系统在计算机的视觉技术发展过程中是极为重要的，也是最有标志性的案例。车辆的智能导航特征是比较明显的，不但能够帮助驾驶员及时获取周围道路和车辆运行的信息，也可以在一定程度上帮助驾驶员获得更加科学的引导。计算机的视觉技术将使车辆在行驶过程保持适当的距离和行驶速度并进行更加合理的分配。计算机的视觉效果技术在安全导航系统中的运行主要是通过监测、分析道路和车辆的行驶状况，能够帮助驾驶员在进行驾驶的时候更加规范，并与前车保持更加合理的车距，在行驶过程中能够根据导航的指引让驾驶过程变得更加顺畅。无论是安全距离还是安全速度，驾驶员都可以根据车内摄像系统对周围车辆的分析得到更加科学的操作指引，根据智能检测系统来计算安全的速度，从而使驾驶员在行驶过程中更有安全保障。

二、智能照明技术

智能照明技术是指采用智能化控制系统，实现公路照明的智能化和节能化。智能照明技术包括传感器控制、光控节能、智能调光等技术，这些技术应用可以减少公路照明的能耗和环境污染，提高公路的能源利用效率。以盘兴高速公路作为分析对象，在这一基础上，对其区位优势、工程特点以及建设理念进行深入研究，为智能光伏照明技术的有效应用打下良好基础，同时为该高速公路实现绿色环保的建筑理念提供保障。

（一）贵州盘兴高速区位优势和工程特点分析

1. 盘兴高速公路区位优势

盘兴高速公路位于贵州省典型的喀斯特地貌区域，该地区山水相间，环境优美。在该地区进行高速公路建设，公路沿线不仅有盘州市古银杏风景名胜区，还有很多风景名胜古迹。与此同时，该高速公路在建设过程中涉及的区域内有 40% 是少数民族，公路沿线要穿越 26 个民族聚集区，特别是一些少数民族当前仍然保留独有的民族习俗。这对于盘兴高速公路建设而言，不仅具有良好的区位优势，而且能够将一些风土人情融入其中。

2. 盘兴高速公路工程特点分析

高速公路隧道施工过程中，由于多数都是在一些山区，所以在无形中会增加道路施工的难度，特别是隧道施工涉及更多的条件因素。在盘兴高速公路隧道施工过程中，同样有很多难点需要克服，也有很多障碍需要跨越。由于该地区属于典型的岩溶地区，所以建设条件相对复杂，岩溶一旦出现漏斗发育的情况，就会导致在施工过程中的水资源严重紧张。另外，该地区的土地资源严重短缺，这样就导致在建设过程中的用地相对紧张，对施工也会间接地造成一定的阻碍。

除此之外，该地区由于地处长江上游生态屏障区，所以生态环境相对比较敏感，对生态环境的整体保护要求也比较高。

（二）盘兴绿色公路建设理念和具体实践措施

在当前现代社会快速发展的背景下，绿色建筑理念已经逐渐成为现代建筑行业发展过程中非常重要的一部分。在贵州省对外宣传的很多宣传片中，早已将绿色发展、生态建设作为其现阶段发展和未来发展的目标和趋势。在这种大环境下，贵州省为了实现这一目标，在建设高速公路隧道时，需要将节能环保的理念充分融入其中。由此可以确定，盘兴绿色公路总体建设的理念是实现资源节约、生态环保、节能高效以及服务水平质量的有效提升。

在这一基础上，在针对K50+600新格隧道进行施工时，将其改成路堑挖方的方式，这样不仅能够将生态健康的理念贯彻落实到实处，而且能够实现生态环境的有效保护。与此同时，利用挖方加工的方式，实现加工地材大概在80万方，这样不仅能够实现资源科学合理地利用，而且能够从根本上保证能耗的有效降低。另外，为了保证盘兴高速公路隧道施工的最终效果，将盘兴高速公路看作一个整体，对其进行系统性的考量和分析。这样不仅能够保证在道路施工过程中，其道路的流畅性达到一定标准要求，而且能够利用倒排的方式对整个施工进度和计划进行科学合理的编制和统筹分析。

（三）盘兴绿色公路重点支撑项目和智能光伏照明技术的具体实施效果

在针对盘兴高速公路进行隧道施工的时候，为了将智能光伏照明技术科学合理地应用其中，不仅要保证施工质量，而且要保证该技术的合理应用，对环境也需要起到良好的保护作用。盘兴高速公路隧道施工过程中，其光伏发电的实际应用其实是依靠风光互补的方式，这样不仅能够合理利用自然风这种自然资源，而且能够降低一些不必要成本的投入。在保证智能光伏照明技术作用和价值充分发挥的基础上，能够为后期保养维护打下良好基础，并且实现有效的成本控制。

1. 隧道光伏智能照明技术

隧道光伏智能照明技术是一种新兴技术，该技术应用在现阶段高速公路隧道施工过程中，不仅能够实现节能环保的建筑理念，而且能够真正地起到良好的照明效果，为隧道施工和后期使用提供相应的光源保障。隧道光伏智能照明技术在实际应用过程中，是在“绿色循环低碳交通”理念的基础上，将多种节能技术进行综合性使用，这样不仅能够实现该技术的可持续发展，而且能够在保证全寿命周期的基础上，实现成本的有效控制。由此可以看出，该技术在高速公路隧道施工中的合理应用，不仅能够针对过去隧道照明系统能耗大的问题起到良好的缓解作用，而且有利于对其维护成本进行有效控制。

智能光伏照明技术在实际应用过程中，主要是依靠光伏发电、LED 照明技术、智能控制技术以及云平台监控技术相互组合，达到照明的根本目的。该技术在实际应用过程中，在保证为行车提供安全的前提保障下，不仅能够实现节能照明，而且能够及时根据隧道内的亮度、时间以及车流量等因素对照明灯的光亮度进行有效控制。这样能够保证车辆进入隧道之后的整个行驶路线更具舒适性和安全性。

2. 生态脆弱地带隧道零开挖进洞

在现阶段针对盘兴高速公路隧道进行施工以及将智能光伏照明技术应用其中时，要格外注意在一些生态比较脆弱的地带，禁止对其进行隧道施工。与此同时，在施工过程中，要尽可能少刷甚至是不刷边仰坡，这样能够有利于对大自然形成良好的保护作用。

除此之外，在施工过程中，可以将山体本身的稳定性充分利用起来，这样有利于降低洞口本身纵向土的压力影响程度。

3. 自然光导入隧道照明

在盘兴高速公路隧道施工过程中，可以充分将自然光利用起来，实现环保照明的理念。为了保证自然光顺利地导入隧道照明系统中，同时能够发挥良好的照明作用，在具体操作中，可以利用光纤导入的方式，用太阳光直接照明，同时可以与一些蓄能发光材料进行有效结合，这样能够保证隧道照明的效果。

除此之外，在盘兴高速公路隧道施工中，利用自然光实现照明，不仅能够保证目前节能理念的实现，而且能够实现短隧道运营的“零能耗、零排放”理念。这一操作方式可以针对隧道照明的太阳光反射照明系统起到良好的控制作用，同时其已经被评为国际首创。通过对该方式的实际使用情况进行分析和研究可以看出，该方式是世界上首次利用隧道行车视觉适应性理论，在这一理论基础上，将太阳光直接照明技术与蓄能发光多功能涂料相结合，这样不仅能够促使技术结合的优势得到充分发挥，而且能够为绿色公路的建设提供基本保障。

在贵州省盘兴高速公路隧道施工过程中，将智能光伏照明技术科学合理地应用其中，不仅能够实现项目建设过程中低碳环保的理念，而且能够为该高速公路隧道项目的未来可持续发展打下良好基础，最大程度为人们的日常出行提供安全保障。

三、环保材料技术的应用

环保材料技术是指在公路建设中采用环保材料，以降低环境污染和资源消耗。环保材料主要包括再生材料、绿色建材、新型建筑材料等。这些材料具有环保、节能、可持续的特点，可用于公路路基、路面、护坡等部分的建设。

（一）环保型新技术及新材料的应用

1. 泡沫混凝土

在硬化的水泥砂浆或砂浆中利用发泡剂引入稳定的空隙，在保证强度的前提下，降低混凝土的密度，由此产生的混凝土称为泡沫混凝土。绝大多数泡沫混凝土不含大型骨料，是只有细砂和水泥、水和泡沫的极轻材料。与普通混凝土相比，泡沫混凝土由于不含粗骨料而相对均匀。其主要优点是质量轻，还具有隔热、保温、防水、防火以及较高的抗震性能。在生产泡沫混凝土的过程中消耗的能源远小于普通混凝土，而且对环境的污染小。制造商开发了不同密度的泡沫混凝土，这些产品可用于沟槽修复、桥台填充、路基、隧道工程等方面。

以高填方涵洞、旧路扩建、桥台台背填方以及在隧道工程的应用为例介绍泡沫混凝土在公路工程中的应用，以及其相比传统方式对造价的控制。高速服务区的掉头涵洞、过入涵洞或过水涵洞等，往往需要在上方填筑土体以达到设计的路基标高，有些涵洞的填方高度高达十几米。在一些对沉降比较敏感的地区，如果采用土体填充，由于土体的自重（$20kN/m^3$）较高，且极易受到降雨、行车荷载的影响，会产生较大的变形，并且对涵洞结构的承载力以及涵洞基础的承载力具有较高的要求，而采用其他结构形式时造价较高或者施工困难。采用泡沫混凝土（$5kN/m^3$）代替土体进行填筑，可以减少自重并很好地控制沉降，也能大幅降低涵洞上方的荷载，涵洞结构设计强度和造价也随之降低，除此之外，泡沫混凝土的施工速度较快，可缩短工期。

2. 旧路扩宽

随着经济的发展，道路交通量不断增加，原有的一些道路已经不能满足需求，而另建道路则受到经济成本和空间的制约，尤其是在城市道路中，所以常需要对旧路进行扩建改造。如果采用传统方法，会存在以下问题：扩建后新旧路基沉降差异，往往会将面层拉开，给行车安全带来隐患，同时增加后期养护成本；扩建需要征地，涉及巨额的拆迁补偿；扩建需要对道路进行封闭或者限行管理，给交通带来巨大的压力；施工周期较长，增加扩建改造成本。

3. 桥台台背填充

现阶段，桥台台背的填充仍以土为主，在施工完成后，常发生较大的不均匀沉降，尤其是在软土地区。将泡沫混凝土应用于桥台台背的回填是对传统回填技术的一项创新。泡沫混凝土材料密度小，质量轻，强度远高于传统回填土。在填充后，处于超固结状态，从而可避免不均匀沉降，消除桥头跳车等问题，具有明显的技术优势。根据以往的桥梁养护经验，桥梁维修费用的60%～70%花费在处理桥头跳车上。采用泡沫混凝土可以从根源上解决桥头跳车的问题，降低养护阶段的费用。

4. 隧道工程

泡沫混凝土具有较高的流动性和抗渗能力，而且强度可以根据需要进行调节，具有较好的自立能力和抗震能力、较强的防水性和耐久性、良好的隔热隔音效果、较好的抗冻融性，不仅环保，而且与混凝土或者水泥砂浆相比，价格低廉，可用于塌方治理、衬砌超挖填补、空腔填充、明洞地基处理、堵水等方面，也可作为初支和二衬之间的填充材料，以协调变形，同时降低二衬承担的荷载。如果对强度、抗渗性能要求较高，泡沫混凝土将是最佳选择，填土虽然价格低廉，施工技术要求低，但是其填筑质量难以保证，沉降难以控制。注浆技术，虽然可以保证质量，但是价格过高，施工要求也较高，所以泡沫混凝土仍将是性价比最好的填料。初步的研究结果表明：泡沫混凝土具有理想的强度、密度低、施工时不需要振捣、具有较好的保温性能和冻融性能以及优良的耐火性能，而且相比其他材料成本较低，是工业化建设材料的较好替代品。然而目前泡沫混凝土仍未建立全国性的统一规范，导致市场上泡沫混凝土的质量难以控制，标准难以统一，所以制定全国性的技术规范，统一泡沫混凝土的等级标准，需要尽早提上日程。

（二）附属设施节能技术

1. 绿色能源供电

公路沿线尤其是高速公路，布设许多监控、信息采集以及通信设备，这些设施分布在公路沿线，距离变电站较远，而且这些设备的功率较低；一些地区的收费站或者服务区由于位置比较偏僻，超出供电区间。如果利用市电提供电力，将会增大线径以弥补传输中电力的损失，此外，公路路线较长，距离较远，成本较高。如果采用新能源供电，比如太阳能和风能发电技术，以维持公路正常运营，将会大幅降低运营成本。使用太阳能发电、风能发电或者风光互补发电系统，为监控设备、通信设备供电，并合理地规划，其成本远低于远程输电的成本。

2. 地源热泵

工程建设中，工作人员住宿办公区的采暖降温，以及运营期间服务区、收费站的采暖降温，所消耗的电能是不可忽略的。对此，可以利用地源热泵技术为服务区以及收费站进行供暖降温。服务区和收费站的取暖降温所消耗的电能占总消耗的 60% 以上，在宁高高速公路服务区，采用了地源热泵技术进行取暖以及降温。据计算，利用地源热泵可以节约 30%～40% 的供热制冷空调的运行费用，1kW 的电能可以得到 4kW 以上的热量或 5kW 以上的冷量。

3.LED 照明

使用 LED 节能灯代替传统光源照明。LED 具有节能、环保、寿命长、体积小等特点，可以广泛应用于各个领域，特别是道路照明等长时间照明环境。LED 具有超低功耗，相同照明效果比传统光源节能 80% 以上，寿命比传统光源寿命长 10 倍以上。

（三）沥青再生技术

据估计，我国每年新建和养护所需的沥青混合料将超过 5 亿吨，同时每年将产生约 2 亿吨的沥青废料，其经济价值据粗略估算可达 20 亿元以上，而我国由于技术水平的限制，废料利用率在 10%～20%，远低于发达国家 80% 的利用率。在新时期新的发展理念下，提高废沥青的利用率，发展沥青再生技术已经迫在眉睫。沥青再生技术直接使用废料，节省沥青混合料，从而实现了废物利用，最大程度地降低了工程造价。

泡沫混凝土与普通混凝土相比，具有成本低、污染小的特点，在公路工程中有较好的应用前景，对降低工程造价有重要作用；沥青再生技术，实现废物利用，既环保又可有效降低工程造价；而在附属设施中，采取新能源供电等节能措施，有利于降低建设成本和运营成本。

四、节能减排技术

节能减排技术是指通过科技手段，降低公路运营和建设过程中的能源消耗和环境污染。节能减排技术包括能源管理系统、能源回收技术、新能源技术等，这些技术应用可以优化能源的利用效率，降低能源的消耗和污染排放。

（一）温拌沥青技术在节能减排中的应用

1. 技术的主要内容与原理

该项技术的原理是在沥青材料中掺入一定比例的外加剂，以控制沥青的黏度，使之能够在较低的温度下与其他矿料进行搅拌，达到公路建设与养护的材料要求。国内外的研究结果显示，不同的搅拌方法对沥青材料的温度要求是不同的。为实现沥青材料的温拌，通过对 WMA 混合料的搅拌技术研究发现，可以将其分为四种类型：矿物搅拌的方式；在沥青材料中搅拌混合料泡沫的方式；向其中添加熔点较低的有机添加剂；使用乳化沥青混合料。这四种技术，本质上都是通过降低沥青材料本身的黏度来实现温拌的方式，从而有效增强材料的裹覆能力。

与此同时，在搅拌过程中，沥青混合料自身产生的能源消耗将得到有效降低，而搅拌过程中的废气排放量也能被有效降低。在配置混合料的过程中，软沥青与硬沥青要同时放入拌和机中，配置温度为 100 ~ 120℃，经过拌和机的配置就可以得到 WMA 沥青混合料。

2. 节能减排的应用

在沥青材料的搅拌过程中，加热环节与拌和环节是最容易出现能耗的，而拌和环节与摊铺环节则最容易产生废气。其中，运输环节造成的能源消耗比较少，但也需要技术人员采取必要的保护措施，尽可能降低运输过程中产生不必要的废气排放。就混合料在加入过程、拌和过程中产生的能耗及污染问题，技术人员应做出具体分析，并根据各个环节不同的能耗与污染问题的特点，采取有针对性的解决措施。

（1）加热环节、拌和环节的能耗

从理论的角度分析，混合料在拌和之前属于常温状态的应用材料，建设方通常会使用储藏罐保存沥青材料。在混合料拌和过程中，技术人员以干拌和湿拌相结合的方式，使混合料搅拌均匀。通常，技术人员会先以干拌的方式搅拌 15s，再以湿拌的方式搅拌 45s，此时混合料已经被搅拌得相对均匀，可以从搅拌站运输到施工现场。技术人员还会使用红外线温度测试仪检测混合料的温度，同时检测能量的消耗情况。

（2）加热环节、拌和环节、摊铺环节产生的废气

某建设公司从拌和厂的运行参数中选择了部分参数作为评价的参考依据，将混合料的热拌形式与温拌技术的应用参数统计到一起。在公路工程混合料搅拌过程中采用温拌沥青混合料技术，可以在拌和材料及摊铺材料的过程中降低各项废气的排放，该项技术的应用

具有改善工程施工环境、保护周围区域自然环境的重要作用，能有效降低各项废气排放的数值，这说明该项技术具有重要的环保作用，是实现“减排”的有效方式。

3. 实际应用的特点与方案

（1）高节能性与低排放性

适用于温拌技术的沥青混合料，温度应控制在 130 ~ 150℃，与传统的热拌形式相比，混合料在温拌过程中节省了 40MJ 的热量，节能效果明显。国内的建筑领域专家在研究乳化沥青搅拌技术时，在试验路段的铺设过程中也得出了相应的分析结果——该方法可节省 30% 左右的燃料，对实现节能减排具有重要的现实价值。从温拌沥青技术拌和与摊铺环节中的各项数值可以看出，拌和过程中 CO_2 的排放量约减少了 45%，CO 的排放量约减少了 63%，SO_2 的排放量约减少了 58%，其他参数的排放量也相应减少。在试验路段的具体研究中还发现，拌和厂排放的 CO_2 可减少 35%，CO 可减少 8%，NO 可减少 60%。其中，NO 与 CO_2 的排放量减少的程度最大，SO_2 的排放量也减少了约 20%。

（2）具体应用方案

温拌技术与传统的热拌方式相比，具有较明显的节能优点，在公路建设性能的恢复方面应用程度较高。比如，在国内一些人口密度较大的城市，公路建设过程中对周围环境的要求较高，路面承受的交通压力也比较大，传统的热拌方式必然会造成一定的环境污染，此时需要采取有效的技术手段降低污染，该项技术就成为首选。也就是说，将公路建设中所需的拌和料先在厂中集中温拌，再应用到隧道工程路面的施工中，即便处于低温季节或者寒冷地区，沥青路面也会呈现出较稳定的性能。随着我国沥青路面施工工艺体系的逐步完善，该项技术还有较大的应用空间，国内的技术专家也针对各类沥青混合料的基本性能做出了更深层的技术研究，以扩大该项技术在公路建设与养护过程中的环保减排优势。

（二）冷再生技术在节能减排中的应用

1. 技术的主要内容与原理

该项技术主要被应用于二次改造工程中的旧路面施工中。旧沥青路面在改造施工中经过重新翻挖与破碎后，技术人员可筛分其原料，回收可用的原料，并向其中添加再生剂、新集料等成分进行重新拌和，从而得到具有良好性能的沥青混合料，这样可以在公路养护工作中体现出较大的优势。公路的养护工作需要对一些废弃的沥青路面进行处理，但原有的材料经过粉碎后仍有一定的利用价值，如果直接废弃不用，就会造成浪费，而在冷再生技术的支持下，原路面材料也可以被回收利用，这在一定程度上提高了公路工程建设材料的利用率。

2. 节能减排的应用

交通荷载会对路面形成一定的压力，导致路面在长期运行过程中可能会出现裂缝、波浪等形式的病害问题，使得路面的质量持续降低。多数路面问题都是因为沥青材料老化所引起的材料黏度过高而导致的，而该项技术的原理就是通过逆向应用沥青材料老化的规律，在其中添加一定的试剂，恢复已经老化的沥青材料的黏度与韧性，使旧路面依然可以保持理想的使用性能。该项技术的应用，关键在于向铣刨、破碎后的旧沥青材料中添加新骨料和其他试剂，用于恢复旧沥青材料的基本性能。

3. 实际应用的特点与方案

（1）实际应用特点

该项技术在应用过程中具有较明显的资源节约优势。对旧沥青资源进行回收利用，可以降低公路养护工作的造价，通过增强旧材料性能的方式提升公路路面的等级，而且该项技术的应用流程简单、清晰，施工工期不长，不需要在施工过程中加热材料，可有效减少材料拌和过程中对环境造成的废气污染等问题。该项技术的应用关键在于充分利用旧材料，能够减少改造工程施工中对其他石料的开采程度，而且该项技术在应用过程中，不需要对原工程的路基部分进行回填，只需要对路面存在问题的部分进行铣刨、重铺，就能在保证该路段承载能力的前提下，提升原公路段的等级。

（2）具体应用方案

现代公路工程承受的交通压力越来越大，所以建设中也更加重视对公路的养护工作，从而导致维修道路的工作量越来越大。应用该项技术，可以降低养护成本，还能够充分利用旧材料，经过该项技术处理后的公路段，应用性能得到了有效提升，这使得该项技术的应用范围更加广泛，成为建设方的首选方式。早在 20 世纪 80 年代，国外专家就对该项技术中应用到的稳定剂与再生剂进行了大量研究，以美国为首的发达国家，为提升交通业发展水平，对沥青稳定剂的研究持续深入，提出了泡沫沥青稳定剂的概念，并尝试在各州的公路施工中进行应用。

我国在 20 世纪 90 年代末，将该项技术引入公路养护工程中，并从实践中获得了大量的宝贵经验。比如，在杭州市某公路工程中应用该项技术改造了约 3km 长的路段，试验路段以 15cm 为基层厚度标准，使用冷再生柔性基层技术提升了试验路段的整体性能。之后，在邯郸某公路改造工程的试验路段中，建设方尝试将水泥作为稳定剂，使用该项技术对旧路面进行改造，取得了较理想的效果。

随着我国现代公路工程的建设数量越来越多，原有的部分公路已经进入重要的养护阶段，这需要建设方从节约能源的角度出发，积极引入新技术、新材料，与各项技术相互配合，积极推广、应用各项节能减排技术，敢于尝试，并从实践中获取经验，不断完善公路建设与养护中的节能减排技术体系，使之为我国的公路事业发展提供助益。

五、典型案例分析

为实现我国碳达峰、碳中和的目标，坚持绿色低碳发展道路，位于青藏高原地区的花久高速公路项目，在施工建设阶段综合运用温拌沥青路面技术和工程创面植被恢复与腐殖土综合应用技术，取得了可观的节能减排效益，为实现碳达峰、碳中和及绿色公路建设提供了有益思路和探索经验。

（一）道路建设中的“碳达峰、碳中和”思考

我国幅员辽阔，为了推进现代化发展，交通运输业发展迅速，现如今已经成为名副其实的交通大国。

然而，公路工程建设和养护施工给我国石化能源消耗、环境污染和生态破坏不断带来新的挑战。

碳达峰、碳中和主要有两个方面，一个是碳的排放，另一个是碳的吸收。在道路建设中，降低碳的排放可从以下几个方面思考：采用新工艺以实现高效作业，减少作业环节，降低能源消耗；采用环保材料，降低材料使用过程中污染物的排放；采用节能机械作业，降低机械作业过程中尾气或有害气体的排放。

碳的吸收主要靠植物的光合作用，这就要求在道路建设中尽量减少对原生绿色植被的破坏，实现建设与生态共存。

特别是在我国青藏高原地区，生态环境极为脆弱，但现代化交通建设势在必行，如何实现又好又快发展，促进经济建设与绿色生态和谐相处，值得工程建设人员深入思考与实践。

从图 7-1 可以看出，我国西部地区的碳排放量在 1997～2017 年呈现出巨量增长的态势，环境规制指数同样表现出增长趋势，表明我国环境规制强度在逐步提升。

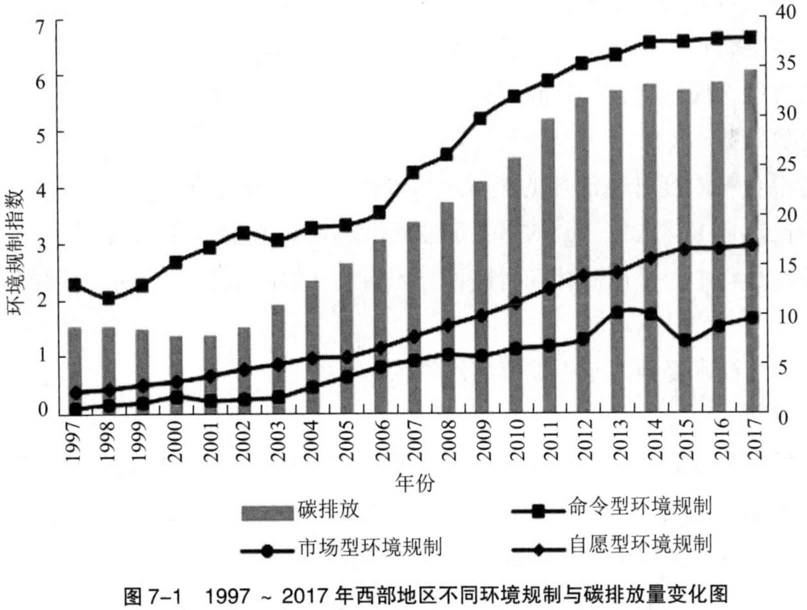

图 7-1　1997～2017 年西部地区不同环境规制与碳排放量变化图

3 种环境规制中，命令型环境规制长期居于主体地位，并保持高位增长，与碳排放量变化趋势最为相近，表明命令型环境规制对碳排放量产生一定影响。市场型环境规制具有一定的波动，且增长率较低，表明市场型环境规制增长潜力较大。

在道路工程建设中，建设者多盲目追求效益而放弃一定的环境规制，在“碳达峰、碳中和”发展目标下，道路工程建设需要从行业内部提高市场型环境规制作用，充分激发自愿型环境规制作用。

（二）绿色公路技术的研究与应用

花久高速公路项目地位于青藏高原，地跨众多水系，为中国内陆、东南亚等地输送江源活水，别称“中华水塔”。

由于青藏高原生态环境极为脆弱，加之全球气候变暖及人类活动影响，青海高原出现湿地面积萎缩现象，对区域内碳中和产生不利影响。根据项目地的生态及气候特点，本项目主要采取了高原寒区温拌沥青路面技术及高原寒区植被恢复与腐殖土综合应用技术，取得了较好的应用效果。

1. 高原寒区温拌沥青路面技术

（1）应用意义

高原寒区环境温度较低、高原生态脆弱，使用传统热拌沥青，为维持拌和及摊铺的施工所需温度需要投入更多能源，施工排放有毒气体也对环境造成极大影响。温拌沥青路面作业在技术上降低了施工作业对高寒高海拔地区环境温度的要求，可保障高寒地区施工连续性，延长高寒地区施工时长。该技术的作业温度相对传统热拌沥青作业温度可减低20～30℃，可有效降低维持作业环境所需的能源消耗，减少沥青高温拌和造成的温室气体排放量，从根本上减少碳排放。

（2）实施方案

目前，温拌沥青混合料主要实现方式有：添加有机添加剂、添加人工合成沸石法、添加温拌泡沫沥青混合料、采用乳化沥青产品。本项目采用沥青添加有机添加剂的方式，其实施过程较为方便，现场沥青铺设施工时将添加剂混合至沥青中即可。

（3）碳排放效益

假定沥青混合料温度升高消耗的热量是等同的，即混合料每升高 1℃，消耗相同的热量。混合料的比热是 1.882kJ（kg · ℃），重油的产热效率为 4.1×10^7kJ/t。

在道路建设过程中，采用温拌沥青路面技术有利于减少碳排放，对实现绿色公路建设具有较好效果。

2. 高原寒区植被恢复与腐殖土综合应用技术

（1）应用意义

工程建设所在地青藏高原是地球上最年轻的高原，其土壤发育时间较为年轻，是地球上最为独特的土壤区域之一，高原植被也是促进碳中和的“主力军”。由于高原生态系统及生态环境的独特性，高原植被受到破坏后难以恢复。

本项目开辟道路产生的弃土是一种生态资源，是富含腐殖质的腐殖土，能够为植被生长提供必要的营养，同时土内存有各类植物的种子，是高原植被生长的温床。

科学、合理地利用腐殖土并将其与植被草皮进行综合应用，可最大程度减小对原生态系统的破坏，有利于保护生态平衡，对实现碳中和具有积极意义。

（2）实施方案

高原寒区植被恢复和腐殖土综合应用的实施措施主要有草皮移植、草皮回铺、草皮回铺后养护三大步骤。草皮移植时采用分布式清表的方法进行草皮收集工作。

针对不同类型的植物，了解其土壤中根系发育及营养物分布的垂直深度，不仅对植被进行收集，还需对深部腐殖土进行收集，将移植的植被合理放置于堆放场中并进行浇水追肥，保证其存活率。

路堑边坡等施工完毕后，对坡面进行平整、规划回铺，回填腐殖土并进行浇水涵养，回铺草皮植被，减少土壤及养分流失。

草皮回铺后进行养护工作，保持浇水追肥，禁牧封育，防治病虫害，保证植物存活率（图 7-2）。

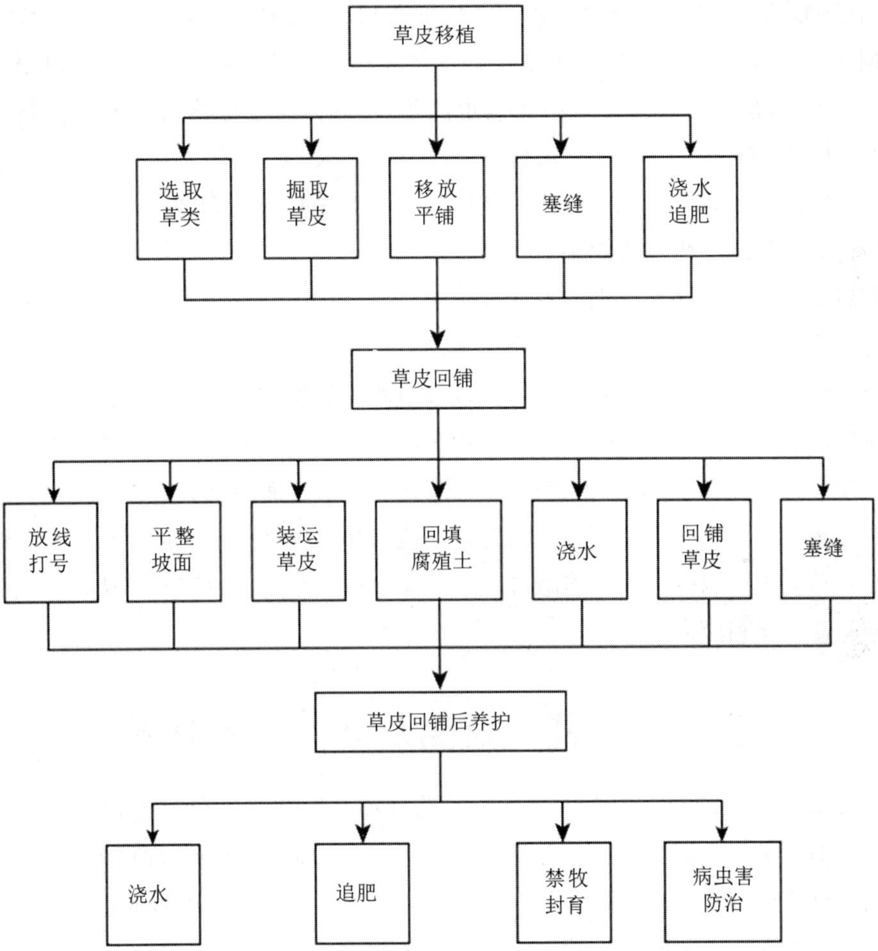

图 7-2　工程创面植被恢复流程

清表产生的草皮和腐殖土资源，经防护应用于花久公路建设中的边坡生态恢复、生态边沟建设及作为其他临时用地植被中的客土资源。

利用无痕化施工，在边坡生态恢复和生态边沟建设等施工过程中，回铺 20cm 厚腐殖有机土层，掺和适宜草皮草类生长的有机肥料和化肥，洒水以保持土壤湿润状态，再回植草皮。

施工中保持回植草皮顶面平顺，草皮块间细土填塞，达到根部保湿。

利用腐殖有机土和草皮回植的无痕化施工工艺，可以节约公路建设中区域生态取土，减少高寒地区生态损伤破坏，提高边坡植被恢复的生态效果。

花久高速项目共涉及 38 个标段，全线实施开展草皮移植与腐殖土利用工作，全线实施草皮移植共计 552.47m^2，即 8287 亩，腐殖土收集利用量 281m^3。

（3）生态效益

草皮移植和腐殖土利用旨在减少客土生态破坏，减少绿化工程费用，减少外客运土，从而降低运输能耗，节省运输成本，提高植被恢复生态效果。

运输车辆运送 1t 物品的百公里燃油消耗量为 8L，该地区的腐殖土密度为 1720kg/m^3。

根据花久高速工程的现场施工情况，现场腐殖土收集利用量 281m^3，即 483.32t，又可知若采取外购客土方式，其平均运输距离为 34km，通过计算可得累计消耗燃油共计 1314.63L，折算 CO_2 排放量为 2839.6t。

由此可知，采用腐殖土综合应用措施可实现 CO_2 减排量为 2839.6t。

3. 绿色公路技术应用综合效果

本项目通过高原寒区温拌沥青路面技术应用研究和工程创面植被恢复与腐殖土综合应用研究两个方面进行绿色公路技术研究探索。

温拌沥青路面技术可有效降低维持作业环境所需的能源消耗，减少沥青高温拌和造成温室气体排放，从根本上减少碳排放。运用多年生植物草皮回铺利用，节约客土资源挖掘和运输，减小运距，利用就地取材减少工程车作业量，进而降低碳排放。花久公路建设以绿色循环低碳为理念，综合运用温拌沥青路面技术和工程创面植被恢复与腐殖土综合应用技术，在项目实施中取得可观节能减排效益，为绿色公路建设及实现碳达峰、碳中战略目标提供了有益思路和探索经验。

第二节　能耗监测及分析案例分析

公路隧道是能源消耗大户，国内外对公路隧道节能减排的研究主要集中在结构性节能、技术性节能方向，对公路隧道运营期能耗的长期监测、分析、评估的研究成果很少。结合我国公路隧道运营管理实际情况，界定了公路隧道运营期能耗的概念，通过理论研究并结合工程实践等技术手段，从基础指标、能耗指标、交通功能、能效指标、交通安全和经济效益 6 个维度首次构建了系统性的公路隧道运营期能耗监测指标体系。

一、公路隧道运营期能耗分类

公路隧道运营期能耗是指公路隧道建成投入使用后的运行能耗，包括由外部输入、用于维持公路隧道运行环境（如通风、照明、监控等）和各类管理活动（日常巡查、设施养护、应急救援等）的用能，但不包括各类设施、材料制造的用能以及太阳能、风能利用设备等提供的可再生能源。因此，公路隧道运营期的能耗主要由机电系统及附属设施的用能，隧道管理机构的生产、生活用能，实施公路隧道工程养护、维修、加固的用能，以及开展公路隧道运营事故应急演练、救援的用能等构成。

公路隧道运营期能耗按用途可分为 4 大类、16 子类。

（一）隧道机电设施的用能

1. 隧道通风设施用能

隧道通风设施用能包括隧道射流风机、隧道轴流风机以及变电房、消防泵房的机械通风设施的用能。

2. 隧道照明设施用能

隧道照明设施用能包括引道照明、隧道加强照明、隧道基本照明、横通道照明、紧急停车带照明、地下 / 地上风机房照明以及隧道变电房、消防泵房照明的用能。

3. 隧道消防设施用能

隧道消防设施用能包括液位感知设施、消防水泵、泡沫水喷雾系统、消防管道电伴热系统、火灾报警系统的用能。

4. 隧道监控设施用能

隧道监控设施用能包括隧道环境感知设施、交通流监测设施、结构健康监测设施、交通控制设施、信息发布设施的用能。

5. 隧道通信设施用能

隧道通信设施用能包括通信网络设施、紧急电话及有线广播系统、无线广播系统的用能。

6. 隧道安全警示设施用能

隧道安全警示设施用能包括隧道疏散照明、主动发光交通标志、警示灯的用能。

7. 供配电设施用能

供配电设施用能包括隧道配置的变压器的空载损耗与负载损耗、柴油发电机消耗的柴油等的用能。

（二）隧道管理机构的用能

1. 隧道管理所的生活、生产设施用能

隧道管理所的生活、生产设施用能包括供暖、供冷、生活热水、风机、照明、办公设备、电梯、变压器损耗、炊事及其他建筑设备（如给水泵、排水泵、防火设备等）的用能，以消耗电能、燃气和水为主。

2. 隧道管理所的专用设备用能

隧道管理所的专用设备用能包括监控大厅、数据中心设备以及养护救援专用装备的用能，以消耗电能为主。

3. 隧道管理所的配属车辆用能

隧道管理所的配属车辆用能包括管理车辆、养护车辆、救援车辆的用能，以消耗柴油、汽油为主。

（三）隧道养护管理的用能

1. 隧道日常巡查、清洁维护用能

按照 JTGH12—2015《公路隧道养护技术规范》实施公路隧道日常巡查、清洁维护所消耗的柴油、汽油、电能和水。

2. 隧道设施检修、保养维修用能

按照 JTGH 12—2015《公路隧道养护技术规范》实施公路隧道结构检查、保养维修及机电设施检修所消耗的柴油、汽油、电能和水。

3. 土建结构病害处治用能

按照 JTGH 12—2015《公路隧道养护技术规范》、JTG/T 5540—2018《公路隧道加固技术规范》实施公路隧道土建结构病害处治工程所消耗的柴油、汽油、电能和水。

4. 机电设施专项改造用能

实施公路隧道机电设施专项改造工程所消耗的柴油、汽油、电能和水。

（四）隧道应急管理的用能

1. 隧道运营事故应急演练用能

按照 JTGH 12—2015《公路隧道养护技术规范》定期开展公路隧道运营事故应急演练所消耗的柴油、汽油、电能和水。

2. 隧道运营事故应急救援用能

针对隧道重特大交通事故、隧道火灾开展应急救援行动所消耗的柴油、汽油、电能和水。

二、公路隧道运营期能耗监测指标体系的构建

（一）构建原则

公路隧道运营期能耗监测指标体系构建原则如下。

1. 系统性

公路隧道运营期能耗监测是一个涵盖多因素、多目标的系统，监测指标体系应力求全面展现隧道节能减排的综合情况，既能反映各类能源的消耗状况，又能正确反映节能减排与交通安全、经济效益的关联特性。

2. 科学性

公路隧道运营期能耗监测指标体系一定要建立在科学的基础上，监测指标概念必须明确，并能客观、真实、合理地反映隧道运营期节能减排的内涵。

3. 实用性

公路隧道运营期能耗监测指标体系应当层次清晰、指标精炼、方法简捷，具有实际应用和推广价值。同时，选取的监测指标要有可操作性，指标含义明确且易于理解，指标量化所需数据易于采集或计算。

4. 独立性

公路隧道运营期能耗监测的指标与指标之间应是相互补充、相互协调的，应充分考虑指标之间的相关性，避免监测指标之间出现重复与冲突现象，实现指标体系的最优化。

（二）指标体系

公路隧道运营期能耗监测指标体系从 6 个维度构建：基础指标、能耗指标、交通功能、能效指标、交通安全和经济效益。

1. 基础指标

基础指标包括公路隧道管理所属的管理人员数量、管理用车数量、管理用房建筑面积以及隧道长度等。

2. 能耗指标

能耗指标包括公路隧道运行维护用能和隧道管理机构用能两部分。考虑到隧道养护管理、应急管理用能不便于单独计量，故将与其相关的电能、水资源消耗一并纳入公路隧道运行维护用能中，与其相关的燃油消耗纳入隧道管理机构用能。

（1）公路隧道运行维护用能

公路隧道运行维护用能主要以电能消耗为主，包括隧道通风、照明、消防、监控、通信、安全警示、供配电等设施运行所消耗的电能；另有少量的柴油消耗，主要为供配电设施中配备的柴油发电机所消耗；水资源消耗，主要是隧道消防用水、冲洗隧道用水等。

（2）公路隧道管理机构用能

公路隧道管理机构生活用能主要包括保障公路隧道运营管理人员生活的用电、用水、用气、供热、供冷等；公路隧道管理机构生产用能主要包括办公设备、监控大厅、数据中心（机房）用电，运营管理车辆的油、气消耗，以及消防用水等。JTG/T 2340—2020《公路工程节能规范》第 6.3.7 条规定，生产、生活用水应分别进行监测、统计与计量。

3. 交通功能

交通功能指标包括公路隧道交通量、货车交通量等指标，主要是为了监测公路隧道的能效。例如对比分析同一座隧道在不同交通量条件下的能耗强度。

4. 能效指标

针对公路隧道运行维护用能，引入交通量（单位：pcu）和货车交通量（单位：veh）参数，分析单位车 · km 电能消耗，比仅仅关注电能消耗总量更能反映电能的综合利用效率。一般而言，隧道交通量越大、大型车比例越高、行车速度越快，运营期电能消耗越多。针对公路隧道管理机构用能，引入管理人员数量（单位：人）和建筑面积（单位：m^2）参数，分析人均生活、生产用电；引入所管辖隧道的单洞总长（单位：km），分析管理车辆、养护车辆、救援车辆的平均油耗。

5. 交通安全

公路隧道节能与安全是辩证统一的关系。一方面，公路隧道运营节能不能以牺牲交通安全和降低通行能力为代价；另一方面，保持公路隧道“安全、畅通、高效”运行，防止事故发生数量和人员伤亡，能够有效减少公路隧道事故造成的财产损失及资源浪费，同样是公路节能减排的重要举措。当前国内部分公路隧道管理单位为完成运营节能减排目标任务，采取的措施是少开灯或不开灯，使得公路隧道运营安全存在较大安全隐患。因此，对公路隧道运营期能耗的监测，还必须要充分考虑公路隧道的交通安全保障水平。

6. 经济效益

公路隧道运营能耗与运营成本息息相关，公路隧道运营能耗支出是公路隧道运营成本的最主要构成之一，采取有效的节能减排措施也有利于公路隧道运营单位实现降本增效、提质升级。

三、公路隧道运营期能耗监测指标的具体应用

（一）支撑公路隧道运营期能耗监测系统构建

公路隧道运营期能耗监测指标体系是建设能耗监测系统的核心，只有明确了监测指标体系，才能科学合理地设计现场计量子系统、数据采集子系统和信息管理平台，构建公路隧道运营期能耗监测系统。

（二）开展公路隧道运营期节能成效统计分析

公路隧道运营期节能成效分析维度包括：第一，不同时间段（小时、日、周、月、季度、半年、年度）的运营能耗；第二，运营能耗的同比、环比变化情况；第三，不同类型设备（如照明设施、通风设施、监控设施等）的运营能耗对比；第四，同一类型的不同型号产品（如 LED 可变情报板、照明灯具等）的运营能耗对比，以便于备品备件选型决策；第五，运营能耗成本。

（三）开展公路隧道运营期关联数据挖掘研判

基于公路隧道运营期能耗监测数据和其他相关数据，可以开展以下分析研判：第一，公路隧道运营能耗及成本预测；第二，公路隧道运营能耗与交通量、交通组成、限行速度、天气、季节、交通事故等的关联性分析；第三，进行公路隧道运营节能诊断，作为开展公路隧道节能减排规划工作的依据；第四，确定公路隧道机电设施节能减排专项改造的时机；第五，制定科学合理的公路隧道运营能耗指标约束值；第六，对公路隧道机电设施进行专项改造前后的能耗对比，分析提质升级成效。

四、案例分析

（一）案例背景

西藏拉贡机场高速公路（G4218）嘎拉山隧道是连接西藏林芝市和日喀则市的一条高速公路，其中嘎拉山隧道全长 17.5 千米，是该高速公路的重要部分。该隧道于 2013 年建成通车，其能耗情况在运营期得到了监测和统计。

根据相关数据，嘎拉山隧道运营期的能耗主要来源于照明系统、通风系统、供电系统

以及消防系统。其中，照明系统的能耗占比最大，为总能耗的 60% 左右。其次是通风系统，占比为 20% 左右。供电系统和消防系统的能耗占比较小，分别为 10% 和 5% 左右。

针对以上能耗来源，嘎拉山隧道采取了一系列节能措施。例如，在照明系统方面，采用了节能灯具和自动控制系统，减少了能耗。在通风系统方面，通过减少通风次数和增加换气时间，降低了能耗。在供电系统方面，采用了高效稳定的供电设备，提高了供电效率，减少了能耗。此外，嘎拉山隧道还建立了能耗统计监测平台，通过对隧道内各种设备和系统的能耗进行实时监测和数据分析，及时发现能耗异常情况，并采取相应措施进行调整和优化。这些措施有效地降低了嘎拉山隧道的能耗，提高了能源利用效率，同时也为其他类似工程的能耗管理提供了借鉴和参考。

（二）案例实施

为了对该隧道的运营期能耗进行监测和分析，需要考虑以下两个方面的内容。

1. 能耗统计监测平台的建立

为了对嘎拉山隧道的运营期能耗进行监测和分析，需要建立能耗统计监测平台。该平台需要采用先进的传感技术和信息处理技术，实时采集和处理隧道内的能耗数据，通过网络将数据上传至云端，以便进行后续分析和管理。该平台包括以下组成部分。

（1）传感器

采用传感器对隧道内的照明、通风、空调、水泵等设备进行实时监测，以获取各设备的运行状态、能耗数据等信息。

（2）数据采集系统

负责采集传感器获取的各项数据，并进行处理和存储，以便后续的数据分析和管理。

（3）数据管理系统

负责对采集到的数据进行管理和处理，包括数据存储、数据分析、数据展示等功能。

（4）能耗分析系统

通过对采集到的数据进行分析，对嘎拉山隧道的能耗情况进行评估和优化，以实现能耗最小化。

2. 能耗数据的采集和分析

在建立能耗统计监测平台的基础上，可以对嘎拉山隧道的运营期能耗数据进行采集和分析，主要包括以下内容。

（1）照明能耗

采集隧道内照明设备的使用情况和能耗数据，分析不同时间段和不同区域的照明能耗情况，提出优化建议，以降低能耗。

（2）通风能耗

采集隧道内通风系统的运行情况和能耗数据，分析不同时间段和不同气候条件下的通风能耗情况，提出优化建议，以降低能耗。

（3）空调能耗

采集隧道内空调设备的使用情况和能耗数据，分析不同时间段和不同气候条件下的空调能耗情况，提出优化建议，以降低能耗。

（4）水泵能耗

采集隧道内水泵设备的使用情况和能耗数据，分析不同时间段和不同气候条件下的水泵能耗情况，提出优化建议，以降低能耗。

（5）其他能耗

采集隧道内其他设备的使用情况和能耗数据，如监控系统、消防设备等，分析其能耗情况，提出优化建议，以降低能耗。

通过对以上能耗数据的采集和分析，可以更加全面地了解嘎拉山隧道的能耗情况，并有针对性地提出优化建议，以降低能耗和成本。同时，也可以为未来类似项目的建设和运营提供有价值的参考数据。

（三）结论

结合我国公路隧道运营管理实际情况，界定了公路隧道运营期能耗的概念，将公路隧道运营期能耗按用途分为 4 大类，并从基础指标、能耗指标、交通功能、能效指标、交通安全和经济效益 6 个维度首次构建了系统性的公路隧道运营期能耗监测指标体系。

公路隧道运营期能耗监测指标体系是建设能耗监测系统的核心，其监测数据将有助于对公路隧道节能减排成效进行分析研判，更好地支撑公路隧道运营能耗监测、分析、评估，进而实施节能减排改造，实现对公路隧道节能减排工作的闭环式管理。

公路隧道是能源消耗大户，我国公路隧道规模十分庞大，强化公路隧道在运营阶段的管理性节能措施非常重要且十分必要，在公路工程行业标准 JTG/T 2340—2020《公路工程节能规范》的总体规定之下应尽快制定《公路隧道运营期能耗分类及表示方法》《公路隧道运营期能耗标准》等一系列下位标准。

建议按照公路工程行业标准 JTG/T 2340—2020《公路工程节能规范》要求，针对现役公路隧道增设运营期能耗监测系统，实现对公路隧道运营期能耗监测的常态化、自动化、数字化管理。

第三节　能耗优化及案例分析

一、公路边坡处治方案决策

公路边坡稳定性评判完成后，需要对具有失稳风险的边坡采取处治措施。当前在西部地区公路工程建设中，可用于边坡处治的技术相对较多，但是由于边坡治理问题涉及大量的不确定性和模糊性评价指标，难以抉择最优的处治措施。

（一）边坡处治工程设计原则

边坡处治工程设计应遵循以下原则。

1. 正确认识的原则

边坡性质各有差异，影响边坡治理方案与防护措施选型的因素也各不相同，因此在治理具体边坡时，应当全面勘察边坡工程地质条件，正确认识边坡稳定性情况以及边坡可能发生的变形破坏模式，考虑边坡处治方案的影响因素与适用条件，选择合理、适用的治理方案与防护措施。

2. 综合治理的原则

对边坡的治理与防护，在采取主要工程措施消除或控制其影响时，应同时考虑环境保护、绿化、美观等因素。

3. 技术可行、经济合理的原则

在治理边坡时，应当结合边坡的工程地质条件，提出多个处治方案并进行对比，综合考虑技术可行、耐久可靠、施工简便、经济合理等条件，在保证治理边坡失稳的前提下，选择满足以上条件的最优处治方案。

4. 科学施工的原则

在边坡治理过程中，前期应当综合考虑边坡工程地质条件及其他各项因素设计科学、合理、经济的边坡处治方案，在施工过程中应当制订科学、合理的施工计划，遵循施工规范，实时检查施工进度、现状，一旦出现偏差或工程质量问题，应及时采取补救措施，直至工程按计划、目标竣工。

5. 动态设计、信息化施工的原则

边坡失稳是比较复杂的地质灾害，导致边坡失稳或破坏的条件和因素众多，单纯通过勘察很难完全探明边坡失稳的确切原因和真实情况，因此在边坡处治工程中，应利用施工开挖逐步查明边坡失稳的具体情况和特点，以便据实调查和修改设计方案。

6. 加强边坡处治工程维护保养的原则

边坡处治工程由于具有长期使用的特点，因此在施工完成后应当对其长期进行监测、维护和保养，以保证边坡处治工程正常发挥对边坡的支护作用，防止其失效引发地质灾害。

（二）边坡治理措施的分类及特点

当公路边坡经过稳定性评判，安全系数不能满足设计要求或已确定为欠稳定、失稳边坡时，需要采取工程措施对边坡进行支护和加固。边坡支护措施的主要作用原理是通过改变滑动面上的平衡条件，增强抗滑体的抗滑能力，提高边坡稳定性。边坡主要治理方法包括坡率法、支挡技术、锚固技术、注浆加固技术。

1. 坡率法

边坡的坡率是指边坡的高度和宽度之比，坡率法通过调整边坡的坡率，不必采取其他支护措施即可使其稳定。坡率法施工简便，当具有放坡条件，即坡顶工程地质条件、建筑物简单时，则优先选用坡率法。而如果边坡地质条件复杂、地下水发育、边坡土体是软塑或流塑土时，则应慎重选用坡率法。使用坡率法时，若条件允许，可以结合刷坡卸载、反压加载的方法。边坡减载方法主要通过削顶减载以降低边坡高度或削坡减载以放缓边坡坡度。在采取边坡减载措施时，应当尽量减少对附近建筑物、环境的影响，以避免因减载措施的连锁反应而引发其他灾害。如果边坡前缘失稳，可以在前缘采取反压加载措施，通过反压体自重稳固边坡。

2. 支挡技术

（1）抗滑挡墙

抗滑挡墙是国内最早采用的支挡技术之一，应用广泛。挡墙主要是利用摩阻力和被动土压力抵抗主动土压力，达到抗滑作用。为满足其作用效果，适应具体的工程条件，现已演绎出多种形式的断面设计。抗滑挡墙的主要优势在于可以就地取材，施工方便，加固坡体效率高。当治理中小型边坡时，单独采取抗滑挡墙即可有效稳固边坡，而在治理大型边坡时，单独采取抗滑挡墙措施效果不佳，应当与其他治理措施联合运用，达到最佳治理效果。在修建挡墙时，要充分勘察待治理边坡的工程地质条件，查明挡墙基底的情况，防止挡墙变形。一般将挡墙的位置设立在坡体前缘稳定基础上，同时需要注意对削顶现象的预防。当前随着科技的发展，已发展出将锚索（锚杆）与挡墙联合治理边坡的支护技术，它主要依靠锚固在岩层内的锚索（锚杆）提供的拉力来平衡下滑力。锚索（锚杆）挡墙适用于边坡高度较大并且具备锚固条件的软岩或土质边坡，其他具备锚固条件的路堑边坡或路堤陡坡也可以使用。

（2）抗滑桩

抗滑桩的作用原理是将桩穿过潜在滑动面，锚固于稳定岩层或土层中，提供支挡力以起到抗滑作用。当边坡失稳、滑坡问题比较严重时，抗滑桩的作用与效果比较突出。采取抗滑桩加固边坡时，圬工量小，施工设备简单，施工过程简便、安全，工期较短；布置抗滑桩的过程中可实时校验地质情况，及时发现问题并采取补救措施。当边坡具有明显滑动面，并且滑动面以下足以提供可靠的锚固力时，宜优先选用抗滑桩。

在治理大型滑坡时，单纯采用抗滑桩支护措施效果不佳，存在桩身过长、弯矩过大等问题，此时应当将抗滑桩与其他支护措施联合使用，比如锚索抗滑桩，不仅能缩短桩长，并且能抵抗更大的推力。

3. 锚固技术

锚固措施将滑坡体锚固在稳定的岩土层上，锚固技术可分为预应力型和无预应力型。预应力型锚固结构，即施加主动应力，利用预应力增强滑体摩擦并平衡下滑力，适用于已变形的边坡或对失稳有较高要求的边坡；无预应力型锚固结构，通过主筋及注浆体来提高边坡稳定性，当边坡发生变形后才能发挥作用。

在实际应用时，锚固措施通常与格构梁协同运用，锚固措施增加抗滑力，格构梁将锚件严密连接，达到 1+1 ＞ 2 的效果。

（三）边坡治理方案初选

公路边坡治理方案选型目前尚无统一标准，基本是由工程人员根据边坡的具体地质条件、环境条件、业务要求及治理目标决定，考虑的因素因具体工程不同也有所差异。本文通过查阅研究大量文献，参考行业相关手册、规范标准，结合西部地区公路边坡的特点，归纳总结适用于西部地区的影响公路边坡治理方案选型的主要因素。

边坡治理应根据边坡稳定状态选择满足安全等级的技术方案，对于潜在不稳定状态的边坡，应采取对边坡岩土体扰动小的治理措施；对于缓慢变形状态的边坡，应采取利于施工安全的措施；对于加速变形状态的边坡，应先采取应急治理措施缓解边坡变形，再进行综合治理。《公路滑坡防治设计规范》（JTG/T 3334—2018）规定公路边坡治理应当根据治理措施设置位置的不同采取相应措施，例如路堤边坡应选取透水性好的治理措施，路堑边坡应采取支挡结构进行治理。边坡治理措施选型应当考虑边坡所在地区，当边坡位于浸水地区时，治理措施的选型需考虑其透水性，当边坡位于地震高发地区时，应根据地震基本烈度考虑治理措施的抗震性。《建筑边坡工程技术规范》（GB 50330—2013）规定边坡治理措施的设计应当考虑治理措施建设位置的地基性质，根据建设位置的地基承载力选择适宜的治理措施。在西部地区建设公路大多需要穿越地质、地貌、地形条件复杂地区，既有岩质、土质边坡，也有岩土混合质边坡，并且存在大量高陡边坡，这些都是西部地区公路边坡治理措施选型时需要考虑的问题。

基于以上论述以及对相关规范的参考，归纳公路边坡治理方案初选的影响因素及其对应条件分类如下所示：第一，边坡稳定性：稳定、基本稳定、潜在不稳定、欠稳定、不稳定；第二，边坡所在地区：一般地区、浸水地区、地震地区；第三，边坡治理措施设置位置：路肩、路堤、路堑；第四，边坡体物质组成：岩质、土质、岩土混合质；第五，边坡治理措施施工地基性质：岩质、土质；第六，边坡地面坡度：平缓、较陡；第七，边坡场地环境：场地是否允许放坡，坡顶有无重要建（构）筑物；第八，边坡高度：超高、高、中高、低；第九，边坡工程安全等级：一级、二级、三级。

根据边坡实际情况，按边坡治理方案初选影响因素确定治理方案初选条件，筛选出满足所有条件的治理方案，作为可选方案。

（四）边坡治理方案优选边坡治理方案、防护措施、排水措施

选择边坡处治方案应着重考虑该技术的先进性，施工难易程度，施工风险系数，在使用阶段的耐久性和可靠性，维护保养是否简便等，将这些影响因素统一归纳为技术因素。

边坡处治方案的选择，应考虑与经济投入相适应。边坡处治工程中，理应采取最好的处治技术，但若是超过了经济承受能力则难以实现，而如果一味地使用经济投入低的较简易处治措施，却忽略了长期稳定性和环保方面的需求，也是得不偿失的。因此，在边坡处治方案的选择上，应适当考虑经济水平，多方面兼顾。

随着环保要求的提高，边坡处治措施在环境保护方面是必须考虑的。边坡处治过程中应当尽量减少对生态和地质环境的扰动破坏，尤其是公路边坡，应对处治坡面进行绿

化，尽量让边坡景观与自然环境和谐，还需考虑防光、防眩等因素，防止诱导、阻碍司机视线。

综上所述，边坡处治方案综合考虑技术因素、经济因素、环保因素进行模糊综合评价优选。

二、公路边坡数据库管理系统总体设计案例

公路边坡数据库管理系统以 G0711 乌尉高速公路勘察、设计工程为依托进行设计，主要面向从事公路工程地质勘察、公路边坡治理的工程人员，进行边坡信息管理、边坡稳定性快速评价、边坡处治方案决策等工作，属于综合信息管理与辅助决策系统。

（一）系统需求分析

1. 用户需求分析系统

用户主要指系统的应用单位、应用人员、维护人员，不同用户有不同需求，应当具体分析。应用人员中的决策者、专家，只对数据进行浏览、查询、统计、分析、输出，但不进行编辑；应用人员中的一线勘察人员，边坡处治工程设计人员，业内整理、资料管理人员，除进行数据浏览、查询等操作外，还需对边坡工点数据进行储存、修改、删除等操作，以及对边坡稳定性进行评价，选择边坡处治方案；应用人员中的系统管理人员主要是对系统的运行和系统用户进行维护与管理。

基于以上分析，并从系统的安全性和资料的保密性角度考虑，将公路边坡数据库管理系统的用户分为三个等级并赋予不同的权限，游客（未注册为用户者）不具备任何权限，其等级划分及具体权限如下：

一般用户（一级用户）：领导、决策者、专家。能查询各线路工程、边坡工点的相关信息，包括边坡勘察信息、边坡稳定性状况、边坡处治方案等信息；能浏览公路选线、边坡点的正射影像、地形图等影像信息；能对边坡信息、数据进行统计分析，输出、打印和生成简易报表等。

系统操作员（二级用户）：工程地质勘察人员、边坡处治工程设计人员、资料管理人员。除具备一级用户的所有权限以外，还具备信息管理权限，即能对边坡信息进行增、删、改等操作；拥有边坡稳定性评价和边坡处治方案选择权限。

系统管理员（三级用户）：系统管理员。掌握部分系统代码，可以对系统进行修改、维护；具备一、二级用户的所有权限，并能对一、二级用户的信息、权限进行管理，任何注册为用户的人员需经过系统管理员审核并赋予相应权限。

2. 功能需求分析

公路边坡数据库管理系统主要面向勘察设计单位，用于公路沿线工程地质勘察、公路边坡稳定性快速评价、公路边坡处治方案选择，以及沿线工程、公路边坡信息管理，根据用户需求分析以及工程需要，公路边坡数据库管理系统应具备以下功能：

系统用户管理功能：此功能仅对系统研发人员、系统管理员开放权限，该功能可以管

理系统用户，给用户分配权限。

基础资料管理功能：基础资料管理模块应具备资料录入、修改、查询等功能，可供用户增、删资料，或查询资料用于参考、学习。

系统工程管理功能：系统应具备广泛的适用性，而不是仅针对某一特定工程，其应适用于任何边坡工程的信息管理。

边坡信息管理功能：边坡属性信息包括边坡勘察资料、边坡稳定性评价结果、边坡处治方案选型、边坡工程施工信息等，边坡空间数据包括边坡地理信息、几何信息、地形图、影像资料等。公路边坡数据库管理系统应对属性信息和空间信息进行统一管理，实现边坡信息可视化浏览，属性信息与空间信息关联。

边坡稳定性快速评价功能：集成边坡稳定性定性分析与定量评价方法，系统根据用户在边坡信息管理模块录入的边坡信息为用户推荐边坡稳定性评价方法或用户自行选择评价方法，并且从数据库中读取评价过程中需要的指标和参数，用户根据边坡实际情况补充部分计算参数，即可进行边坡稳定性快速评价，并将评价指标、参数及结果存入数据库中，以备查询、统计之用。

边坡处治方案决策功能：边坡处治方案初选过程智能化、自动化，用户仅需根据边坡实际情况选择处治方案初选影响因素的条件，系统自动根据边坡处治方案及其适用条件表为用户筛选出所有满足条件的处治方案，并放入方案比选池中；优选过程程序化、半自动化，系统根据初选结果，生成隶属度表，用户根据实际情况输入隶属度值，系统自动运算，并对方案比选池中的处治方案进行排序，为用户推荐最优方案。

综合查询、生成报表功能：边坡工程勘察、设计、建设过程中，各级技术人员与决策者需要掌握边坡实时信息，以备交流、决策之用，因此公路边坡数据库管理系统应具有综合信息查询功能，供用户检索、查阅、打印需要的信息，同时应具有生成简易报表功能，在对边坡信息进行统计和分析之后，为用户精简展示重要的关键信息。

3. 业务流程分析

西部地区公路工程沿线高陡边坡数量多，地质环境等条件复杂，边坡失稳引发的地质灾害严重影响公路运营，因此边坡问题受到格外关注与重点研究。在实际公路工程建设中，首先对沿线工程地质条件进行详细勘察，全面收集、整理边坡信息，根据收集到的信息对边坡稳定性进行快速评价。对于稳定的边坡，在公路工程建设中尽量不扰动，或采取一定的防护措施；对于欠稳定、不稳定的边坡，需要采取适宜的治理与防护措施，以稳固边坡。此外，边坡稳定性评价、边坡处治方案选型等工作完成后，需要将结果形成报告，用于交流、决策。

4. 数据流程分析

公路边坡数据库管理系统的所有资料、信息、数据都储存在数据库中，系统各功能模块皆与数据库交互。用户通过工程管理功能新建工程并将工程信息储存在数据库中，此后在打开既往工程时，系统自动检索数据库，读取与之对应的工程信息。用户通过边坡信息管理功能将边坡信息录入数据库，此后可以通过查询功能检索数据库以查询边坡信息，在使用边坡稳定性快速评价功能、边坡治理方案与防护措施选型功能时，系统检索数据库，提取评价、选型所需的边坡信息、数据，并在评价、选型完成后将结果储存在数据库中。用户在使用生成报表功能时，系统自动对数据库数据进行统计、分析，为用户展示重要的关键信息。

（二）系统开发环境

公路边坡数据库管理系统基于 ArcGIS+SQL Server 进行二次开发。ArcGIS Engine 是美国 ESRI 公司提供的面向 GIS 二次开发人员的嵌入式 ArcGIS 组件集成平台，由于 ArcGIS Engine 是完全 COM（组件对象模型）化的，因此开发者可以使用任何与 COM 兼容的程序设计语言，如 Visual C#、Visual C++、Visual Basic 等语言，通过接口嵌入任意 ArcGIS 控件或类库来定制和拓展专门的 GIS 应用解决方案，开发专业性、针对性强但又不局限于 GIS 功能的独立应用程序。

基于 Visual Studio.NET 面向对象程序开发平台，使用 Visual C#（Csharp）程序设计语言编写程序。VisualStudio.NET 平台支持所有面向 .NET 的编程语言，Visual C# 由 Visual C、Jave 和 Visual C++ 衍生而来，并逐渐优化、完善，集成了它们的优点，Visual C# 直接内嵌于 Visual Studio.NET 平台中，与 .NET 平台耦合度极高。

基于 SQLServer 关系型数据库管理系统和 ArcSDE 空间数据库引擎设计、开发及管理数据库：

SQLServer 是关系型数据库开发及管理系统，易用性、集成性良好，灵活性、可伸缩性、可靠性及安全性高。SQL Server 的变更数据捕获功能，能够记录数据操作行为。公路边坡数据库管理系统每天都需要对海量数据进行操作，记录功能可以高效管理数据动态，确保系统数据变更及流通。

ArcSDE 是 ArcGIS 的空间数据引擎，是 ArcGIS 平台的一个关键组成部件，它可以为关系型数据库系统定义一个开放的接口，允许 Geodatabase 在关系型数据库中储存、管理其空间数据。公路边坡数据库管理系统可以通过 ArcSDE 创建空间数据库并使其与 SQL-Server 链接，将空间数据与属性数据一同储存在关系型数据库中，并实现各类型数据之间的关联关系。

（三）系统总体结构设计

软件系统结构设计的作用主要在于将系统开发前用户的需求转换为规范的开发计划及路线，并制定系统的总体结构、功能模块，指导系统整个开发过程。系统总体结构设计是一个软件系统从整体到部分的最高层次划分，它将需求分析、设计流程及系统开发贯通连接，系统的高层设计一旦确定，在应用程序的开发工作开始以后则难以更改，可以说，系统总体结构设计在基础上决定了系统的优劣。

1. 系统设计开发原则

公路边坡数据库管理系统的设计应该以系统需求分析为指导，以系统于公路边坡工程中的实用性为目标，为使系统满足技术先进、结构稳定、数据安全、便于维护、易于使用等要求，系统设计应遵循以下原则：

（1）专业性

在进行公路边坡数据库管理系统设计时应当充分考虑用户的各项需求，根据需求的特征，设计出具有专业性、针对性的体系结构。

（2）高内聚、低耦合性

从系统结构整个生命周期的研发和维护角度来分析，高内聚、低耦合是所有架构规范、模块设计、程序编写应该遵循的核心原则，也是判断系统结构及程序代码优劣的重要标准。在公路边坡数据库管理系统设计过程中，采用微服务架构降低系统的耦合性，采用分布式架构增强系统内聚性及复用性，采用共用的构建基块降低系统复杂性。

（3）可靠性

在公路边坡数据库管理系统设计过程中，采用冗余设计，使用分布式集群技术避免单点故障，提高系统可靠性；在公路边坡数据库管理系统开发过程中，应当阶段性地对系统进行调试、验收，经过严格测试，及时优化、完善系统，减少故障，提高系统可靠性。

（4）安全性

公路边坡数据库管理系统通过设置注册口令和管理员审核的方式，防止用户非法进入系统和越权访问，以此保证数据、资料的安全性。

（5）可拓展性

软件可拓展性是指软件拓展系统的能力，具体表现在为软件添加新功能或者修改、完善现有功能。公路边坡数据库管理系统通过预留接口的方式，方便后续系统拓展和优化。

（6）易用性

公路边坡数据库管理系统在设计过程中积极与用户沟通，充分收集用户需求，从用户的角度去设计系统结构、功能模块，在系统操作逻辑的设计上充分考虑业务流程，使系统操作符合用户工作流程。

2. 系统开发技术路线

系统采用 ArcGIS+SQLServer 相组合的方式，充分发挥属性数据库及空间数据库的数据管理功能，地理信息系统的可视化功能和空间分析功能。系统将遵循程序设计开发原则，严格参照软件工程开发规范，采用原型化设计与结构模块化设计相结合的方法进行系统设计开发。在设计系统原型时，根据用户需求分析快速设计系统总体结构并划分功能模块，然后基于各模块具体功能进行详细设计，最后面向对象进行系统的开发与集成。

3. 系统逻辑结构

PC 端系统开发模式一般采用 C/S 架构或 B/S 架构，C/S 架构相对 B/S 架构来说开发周期短，安全性、交互性、可拓展性更强，处理信息、运行的速度更快，因此公路边坡数据库管理系统采用 C/S 架构。

系统基于 C/S 架构设计为四层结构：应用层、逻辑层、安全层、数据层。应用层直接面向用户，实现人机交互，主要体现在应用界面展现以及系统功能定义。逻辑层主要提供系统逻辑服务，即系统运行的内在逻辑和数据流通行为。安全层主要提供数据安全服务，基于用户需求分析设置用户权限，并通过权限分级、验证来确保数据的安全性。数据层位于系统逻辑结构的底层，管理系统所有数据，系统运行时从数据库调取数据，用户操作时将操作结果反馈给逻辑层。

4. 系统功能模块划分

基于系统需求分析，综合考虑系统设计开发原则，为公路边坡数据库管理系统设计并划分七个主要功能模块，包括系统信息管理、基础资料管理、工程管理、边坡信息管理、边坡稳定性快速评价、边坡处治方案决策、生成报表等功能模块。

（四）系统数据库设计

数据库是公路边坡数据库管理系统的底层结构，管理本系统的所有属性数据、空间数据及操作数据，数据量大、数据表多、业务关系复杂，需要对数据库进行详细设计，减少数据冗余，节省数据存储空间，方便数据库管理系统的开发。

1. 属性数据库实体关系模型

公路边坡数据库管理系统采用关系型数据库来管理数据，设计关系型数据库的核心在于将现实世界中的实体和实体之间的关系抽象化，建立实体关系模型，以解释数据架构。

2. 属性数据表设计

关系型数据库将数据储存在表（table）中，通过对表中的列定义数据类型可以储存不同类型的数据。本系统数据库主要储存边坡勘察信息、稳定性评价信息、处治措施选型信息等，基于上文实体关系模型对数据进行拆分、归纳后储存在相应的表中，通过对每个表设置主键（primarykey）来保证其唯一性，并且基于主键生成索引，以对数据进行储存、检索、修改、更新、删除等操作。

（五）综合信息查询功能模块

1. 主要功能

在进行边坡信息管理、边坡稳定性评价、边坡处治措施选型等操作之后，系统储存了大量工程信息，综合信息查询模块为用户提供信息查询、信息打印以及生成简易报告等功能。

2. 实现技术

信息查询功能，通过 SQL 联合检索语句同时、定向查询多个数据表，使用 DataGrid-View 工具容纳、展示查询信息。信息更新功能，通过 SQLUPDATESET 语句定向修改数据表中的数据。信息打印功能及生成简易报告功能，主要通过调用 Visual Studio report-Viewer 控件和 SQL 联合检索语句实现。

三、典型案例分析

（一）背景介绍

公路边坡是指公路两侧的山体或堤坡。在公路建设和运营过程中，边坡能耗占据了较大的比重。为了实现公路能耗优化和绿色发展，需要对公路边坡能耗进行管理和优化。

通过案例分析的方式，探讨公路边坡能耗优化和管理的方法和措施，旨在为公路能耗管理提供参考。

（二）案例分析

本案例选择了一条位于山区的公路作为研究对象，该公路全长 30km，由于地形复杂，公路边坡较多，能耗占比较高。通过对公路边坡能耗的调查和分析，发现其主要问题是能耗浪费较严重，存在能耗管理和优化的必要性。

1. 能耗调查

在公路边坡能耗调查中，我们使用了无人机遥感技术和现场勘查相结合的方法。在遥感图像中，我们能够清晰地看到公路边坡的分布和特征，而现场勘察则能够获得更加详细的能耗数据。

通过调查发现，公路边坡能耗主要来源于照明设备、边坡支护系统和公路设施设备。其中，照明设备的能耗占比最高，约为 40%。

2. 能耗分析

在能耗分析方面，我们通过统计和计算等方法对公路边坡能耗进行了分析。在照明设备方面，我们发现在夜间照明设备常开常亮，而在白天常常忘记关闭，导致能耗浪费。

在边坡支护系统方面，我们发现很多边坡支护系统采用传统的电力供应方式，能耗较高。

在公路设施设备方面，很多设备在使用过程中能耗较高，且存在能耗浪费的现象。

3. 能耗优化和管理

在能耗优化和管理方面，我们提出了以下 5 点建议。

①照明设备优化：采用智能化照明系统，实现夜间自动控制和节能调节，白天实现自动开关。

②边坡支护系统优化：采用太阳能或风能等可再生能源代替传统的电力供应方式。

③公路设施设备优化：使用能效比较高的设备，如 LED 灯、太阳能照明设备等，同时对设备进行定期维护和管理，保证设备的正常运行和高效利用。

④能源监测与分析：建立绿色公路能耗统计监测平台，实时采集、存储和分析公路能耗数据，为能源管理和能耗优化提供科学依据。

⑤节能宣传教育：加强对公路能耗节能的宣传和教育，提高公众和企业对节能的认识和意识，积极推广绿色出行和低碳生活方式。

以上是我们针对边坡能耗优化和管理的建议，我们相信通过有效的措施和手段，可以实现公路能耗的优化和管理，为绿色出行和环境保护做出贡献。

第八章　总结与展望

第一节　总结

绿色公路能耗统计监测平台是一项重要的技术创新和应用研究，旨在解决当前公路交通领域中存在的能源消耗和环境污染等问题。通过本研究的探讨和实践，得出了以下结论：

一、绿色公路能耗统计监测平台的技术实现

本研究设计开发了一套绿色公路能耗统计监测平台，该平台具有数据采集、传输、存储、管理、分析等功能，可实现对公路交通能耗的全面监测和统计。该平台采用物联网、大数据、云计算等先进技术，能够对公路交通中各种能源的消耗情况进行准确记录和分析，从而为公路交通管理和决策提供科学依据和数据支持。

二、绿色公路能耗统计监测平台的应用价值

本研究将绿色公路能耗统计监测平台应用于实际公路交通领域中，通过能耗数据采集和分析、环境监测和预警、能耗管理和优化等方面的应用，取得了显著的应用效果。该平台可以提供实时的能耗数据和环境数据，为公路交通管理和决策提供科学依据和数据支持，进一步提高公路交通的绿色性和可持续性。

三、绿色公路能耗统计监测平台的优化和改进

本研究对绿色公路能耗统计监测平台进行了优化和改进，通过能耗预测和调度优化、能耗控制和调整优化、能耗成本和效益优化等方面的探索和实践，进一步提高了该平台的可靠性和实用性。例如，通过能耗预测和调度优化，可以实现对公路交通能源的合理调度和利用，进一步提高公路交通的能源利用效率。

综上所述，本研究的研究结论为公路交通的绿色化和可持续发展提供了重要的科学依据和技术支持。该研究的创新点和应用价值得到了充分体现和验证，具有一定的学术和实践意义。同时，该研究的不足之处和改进方向也需要进一步探索和实践。

第二节 展望

随着科技的不断发展和创新，未来绿色公路能耗统计监测平台的发展也将不断更新和升级。以下是未来几个方面的展望：

一、智能化

随着人工智能、云计算、大数据等技术的不断发展，未来的绿色公路能耗统计监测平台将更加智能化，可以通过自动化控制、数据分析等手段，实现更加高效、精确、智能的能耗监测和管理。具体来说，未来绿色公路能耗统计监测平台的智能化发展主要表现在以下几个方面：

（一）自动化控制技术

未来的绿色公路能耗统计监测平台将更多地采用自动化控制技术，实现自动化的能耗监测和管理。例如，可以利用传感器等设备对公路交通状况进行实时监测和反馈，从而实现自动化控制。

（二）数据分析技术

未来的绿色公路能耗统计监测平台将更多地采用数据分析技术，以实现更加高效、精确、智能的能耗监测和管理。例如，可以通过大数据分析等技术，对能耗数据进行分析和挖掘，从而实现更加精准的能耗监测和管理。

（三）智能化决策技术

未来的绿色公路能耗统计监测平台将更多地采用智能化决策技术，实现自主的能耗决策和优化。例如，可以利用人工智能等技术，对能耗数据进行分析和预测，从而实现更加智能化的能耗决策和优化。

（四）人机交互技术

未来的绿色公路能耗统计监测平台将更多地采用人机交互技术，提高用户体验和交互效率。例如，可以利用虚拟现实、增强现实等技术，实现更加直观、生动、实时的能耗监测和管理。

未来的绿色公路能耗统计监测平台将更加智能化、高效化、精准化和可视化，为公路交通的绿色发展提供重要支持和保障。同时，也需要进一步加强技术研发和应用推广，促进绿色公路建设和能耗管理的可持续发展。

二、多元化

未来绿色公路能耗统计监测平台将更加多元化。除了能耗数据的监测和管理，还可以加入其他方面的数据，如环境污染数据、交通流量数据等，实现对公路交通全方位的监测和管理。

（一）环境污染数据监测和管理

环境污染对公路交通的绿色化和可持续发展产生重要影响。因此，未来的绿色公路能耗统计监测平台将不仅仅关注能源消耗的监测，还将重视环境污染的数据监测和管理。通过监测和分析公路交通产生的环境污染情况，可以制定更加科学合理的环境保护政策，提高公路交通的绿色性和可持续性。

具体而言，未来的绿色公路能耗统计监测平台将采用先进的环境监测技术和数据分析技术，实现对公路交通产生的环境污染情况的实时监测和分析。平台将对大气污染、噪声污染、水质污染等方面进行监测和分析，并将监测数据与公路交通的能源消耗数据相结合，实现对公路交通的环境和能源消耗的全方位监测和管理。同时，平台还将建立相应的环境保护政策和措施，以促进公路交通的可持续发展。

（二）交通流量数据监测和管理

公路交通的流量是影响公路交通绿色化和可持续发展的重要因素之一。因此，未来的绿色公路能耗统计监测平台将不仅仅关注公路交通的能源消耗情况，还将重视公路交通的流量数据监测和管理。对公路交通流量数据的实时监测和分析，可以为公路交通的规划和管理提供更为精准和科学的数据支持，提高公路交通的效率和安全性。

具体而言，未来的绿色公路能耗统计监测平台将采用先进的交通流量监测技术和数据分析技术，实现对公路交通流量的实时监测和分析。平台将通过分析交通流量数据，了解公路交通的运行情况、交通瓶颈和拥堵情况，进而优化公路交通的路线规划、交通信号灯的控制和公路交通管理。同时，对不同时间段、不同区域的交通流量数据进行分析，可以为公路交通的优化和规划提供更加科学和精准的数据支持。

为了实现交通流量数据的精准监测和管理，未来的绿色公路能耗统计监测平台将采用多种监测手段和数据源，包括道路交通传感器、卫星定位系统、智能交通摄像头、车辆识别系统等。这些技术手段可以实现对不同层次、不同区域、不同时间段的交通流量数据的实时监测和采集，进而为公路交通管理提供精准的数据支持。

另外，未来的绿色公路能耗统计监测平台还将采用大数据技术和人工智能技术，实现对交通流量数据的精准分析和处理。通过对大量的交通流量数据进行统计、分析和建模，可以为公路交通的规划和管理提供更加科学和精准的数据支持。同时，通过建立交通流量预测模型和智能交通控制系统，可以实现对公路交通的自动化控制和调度优化，提高公路交通的效率和安全性。

交通流量数据监测和管理是未来绿色公路能耗统计监测平台的重要发展方向之一。通过采用先进的监测技术和数据分析技术，实现对公路交通流量数据的实时监测和分析，可以为公路交通管理提供更加精准和科学的数据支持，提高公路交通的效率和安全性。

三、可视化

未来绿色公路能耗统计监测平台将更加注重可视化的设计。可以通过数据可视化等手段，将绿色公路的能耗数据以直观、形象的方式展现出来，方便管理者和公众了解和使用。

具体而言，未来绿色公路能耗统计监测平台将通过数据可视化技术，将绿色公路的能耗数据以图表、地图等形式展现出来。平台将采用先进的数据可视化工具和技术，通过数据的可视化呈现，让管理者和公众更好地了解绿色公路的能耗情况和环境影响。例如，可以通过地图呈现绿色公路的能耗热点区域、能源消耗趋势等信息，通过图表展示不同时间段、不同区域的能源消耗情况等。

通过数据可视化技术，未来的绿色公路能耗统计监测平台能够让管理者和公众更加方便、直观地了解绿色公路的能耗情况和环境影响，为公路交通的绿色化和可持续发展提供更好的支持。同时，数据可视化技术还能够让管理者更加便捷地分析和处理数据，提高工作效率和决策水平。

四、普及化

未来，随着绿色公路能耗统计监测平台的不断发展和应用，其普及化将成为一个重要的发展方向。为了实现绿色交通的全面发展，该平台需要广泛地应用于不同地区、不同城市和不同类型的公路中，为绿色交通的建设和可持续发展做出更大的贡献。

首先，绿色公路能耗统计监测平台需要在技术上不断创新和升级，不断完善和优化平台功能和性能，以提高其适应不同公路和城市的能力。其次，政府和相关部门需要积极推广和宣传该平台，引导更多的公路和城市采用该平台，推动绿色交通的普及化和可持续发展。此外，需要加强平台的标准化和规范化建设，为其在不同地区和城市中的应用提供统一的标准和指导，确保其应用效果和质量。

在绿色公路能耗统计监测平台的普及化过程中，需要充分发挥平台的社会效益和经济效益，为社会和经济发展做出更大的贡献。例如，通过公路交通的绿色化和可持续发展，可以减少环境污染和能源消耗，提高公路交通的效率和安全性，促进经济发展和社会进步。同时，通过平台的商业化和产业化运作，可以创造更多的就业机会和经济价值。

综上所述，绿色公路能耗统计监测平台的普及化是实现绿色交通的全面发展和可持续发展的重要手段和途径。只有不断创新和完善平台技术和功能，积极推广和宣传平台应用，加强平台的标准化和规范化建设，充分发挥平台的社会效益和经济效益，才能为绿色交通的建设和可持续发展做出更大的贡献。

参考文献

[1] 周炜，赵洪雪．碳达峰及碳中和战略背景下我国多动力类型道路运输装备发展的思考[J]. 交通节能与环保，2021，17（3）：1–4.

[2] 罗小刚，娄伟，张会成．碳达峰碳中和目标下的公路交通绿色综合能源系统建设——以新疆为例 [J]. 交通建设与管理，2022（1）：5.

[3] 李枭，余海涛．碳达峰目标下道路运输行业低碳发展路径思考与建议 [J]. 交通节能与环保，2021（5）：1–3，13.

[4] 王勇，韩舒婉，李嘉源，等．五大交通运输方式碳达峰的经验分解与情景预测——以东北三省为例 [J]. 资源科学，2019，41（10）：13.

[5] 李晓易，谭晓雨，吴睿，等．交通运输领域碳达峰，碳中和路径研究 [J]. 中国工程科学，2021，23（6）：7.

[6] 黄裕婕，沈毅，秦晓春．绿色公路定量研究的构思 [C]. 中国公路学会公路环境与可持续发展分会 2010 年学术年会，2010：296–299.

[7] 韩素华．基于碳中和目标下公路建设的经验观察与分析 [J]. 交通节能与环保，2021（2）：13–15，20.

[8] 王烁．创新激励机制让科研的“冷板凳”热起来 [N]. 科技日报，2021-02-09（001）.

[9] 切实发挥好科研经费的保障和激励作用 [N]. 第一财经日报，2021-07-30（A02）.

[10] 魏星．深化科技创新体制改革，激励科研人员的积极性 [J]. 桂林航天工业学院学报，2021，26（2）：212-215.

[11] 张立辉，刘媛媛．《河北省公路条例》立法探析——意义、思路与框架 [J]. 中国公路，2019（3）.

[12] 姚沅，付豪，梁叶云，等．公路交通与能源融合实践模式探究 [J]. 交通节能与环保 .2023，19（2）：100-105.

[13] 范子俊．欠发达地区公路交通经济发展的思考 [J]. 山西交通科技，2022（2）：3.

[14] 蒋海峰，黄森炎，刘志强，等．公路交通设施与清洁能源融合创新技术与发展 [J]. 公路交通科技，2020（S2）：037.

[15] 刘燕．公路交通经济的制约因素及对策 [J]. 中国商论，2020（12）：5.

[16] 奚宽武．中国迈向公路交通强国的战略构想 [J]. 综合运输，2017（12）.

[17] 李仪灵 .2015 年公路交通大数据 [J]. 中国公路，2016（22）：1.

[18] 郎进，眭南．云南公路交通环境保护现状及发展对策分析 [J]. 交通世界，2017（7）：2.

[19] 刘安吉 . 绿色公路能耗统计监测与节能减排效益核算 [J]. 交通世界，2017（8）：157.
[20] 冉德钦，李程程，卢林果 . 高速公路路面施工期能耗减排监控研究 [J]. 公路与汽运，2018（6）：161-162.
[21] 姜有为，查拥军，王翠 ."节能减排"理念在公路建设中的应用——以 G218 墩麻扎至那拉提公路为例 [J]. 交通建设与管理（下半月），2015（12）：3.
[22] 柯畅，张庭溢，肖冰 . 道路交通信息量对驾驶员眼动行为影响的研究 [J]. 福建工程学院学报，2018，16（3）：259-263.
[23] 张荣，唐建亚，顾春旺 . 沥青路面施工期机械设备能耗监测与评价研究 [J]. 交通节能与环保，2018（6）：27-30.
[24] 于凯旋，程大千，杨帆 . 道安高速公路建设期能耗排放统计监测与分析 [J]. 上海公路，2017（3）：17-20.
[25] 蒋树屏. 公路隧道工程品质与技术对策 [J]. 现代隧道技术，2017，54（4）：1-12.
[26] 涂耘，王少飞，王小军，等. 论公路隧道提质升级 [J]. 隧道建设，2019，39（增 1）：1-9.
[27] 曾磊，王少飞，何旭春，等. 智慧型公路隧道的概念、架构及其关键技术 [J]. 现代隧道技术，2016，53（4）：1-8.
[28] 交通运输部. 2019 年交通运输行业发展统计公报 [R]. 北京：交通运输部，2020.
[29] 国家市场监督管理总局，中国国家标准化管理委员会. 公共结构能耗监控系统通用技术要求（GB/T 36674—2018）[S]. 北京：中国标准出版社，2018.
[30] 王少飞，张建阳，赵春艳，等. 大数据技术在公路隧道工程中的应用探讨 [J]. 公路，2017，62（8）：166-173.
[31] 中华人民共和国交通运输部. 公路隧道加固技术规范（JTG/T 5540—2018）[S]. 北京：人民交通出版社股份有限公司，2018.
[32] 袁立，史玲娜，涂耘，等. 公路短隧道通透率计算方法及其影响因素 [J]. 地下空间与工程学报，2019，15（4）：1112-1117.
[33] 宫宇强 . 大数据背景下的高校教学管理创新研究 [J]. 民族高等教育研究，2022（4）：88-92.
[34] 张雄 . 基于大数据分析的高校教学质量监控与评价探究 [J]. 佳木斯大学社会科学学报，2022（4）：201-203，210.
[35] 于凡 . 教育大数据视阈下高校教学质量评价体系的相关研究 [J]. 黑龙江教师发展学院学报，2022（9）：34-36.
[36] 覃基笙 . 教育信息化背景下高校智慧教学模式实施策略研究 [J]. 齐鲁师范学院学报，2021（6）：29-34.
[37] 吴疑 . 智能交通系统中的计算机视觉技术应用 [J]. 南方农机，2017，48（9）：87，95.
[38] 姚彬 . 计算机视觉技术在智能交通系统中的应用 [J]. 电子技术与软件工程，2016

（16）：170.
[39] 黄轩 . 计算机视觉在智能交通系统中的应用研究进展 [J]. 科技展望，2016，26（9）：7.
[40] 徐红兵，邓惠俊 . 人工智能技术在城市智能交通系统中的应用 [J]. 计算机产品与流通，2020（1）：167.
[41] 张黄慧 . 大数据技术在智能交通中的应用 [J]. 电子技术与软件工程，2020（1）：131-132.
[42] 华锟 . 浅析智能交通中的无线通信技术 [J]. 电子世界，2020（1）：149-150.
[43] 焦建彬 . 计算机视觉与智能交通 [J]. 人工智能，2019（6）：50-56.
[44] 吴海丰，潘江塞 . 智能交通技术在公路安全管理中的应用 [J]. 中国高新科技，2019（23）：117-119.
[45] 赛朋飞，李梁娟 . 浅析智能交通中数字图像处理技术的运用 [J]. 数字技术与应用，2019，37（10）：81，83.